Martin Aust

DIE SCHATTEN
DES IMPERIUMS

Russland seit 1991

C.H.BECK

Mit 4 Karten © Peter Palm, Berlin

© Verlag C.H.Beck oHG, München 2019
Umschlaggestaltung: Kunst oder Reklame, München
Umschlagabbildung: Roter Platz in Moskau © Adri Berger /
Getty Images
Satz: C.H.Beck.Media.Solutions, Nördlingen
Druck und Bindung: Druckerei C.H.Beck, Nördlingen
Gedruckt auf säurefreiem, alterungsbeständigem Papier
(hergestellt aus chlorfrei gebleichtem Zellstoff)
Printed in Germany
ISBN 978 3 406 73162 4

www.chbeck.de

Inhaltsverzeichnis

Meinen Eltern

I. Ungebrochene Kontinuität: Deutschlands gespaltenes Russlandbild

München, 10. Februar 2007

Im Bayerischen Hof fand wie jedes Jahr zu diesem Zeitpunkt die Münchner Sicherheitskonferenz statt. Staats- und Regierungschefs, Außen- und Verteidigungsminister, Militär- und Sicherheitsexperten und Journalisten sind auf Einladung von Horst Teltschik zusammengekommen, um sich in Vorträgen und Diskussionen über Welt- und Sicherheitspolitik auszutauschen. Am 10. Februar 2007 durchbrach der Präsident Russlands Wladimir Putin die Routine dieser Veranstaltung mit einer seitdem vielzitierten Rede. Putin warnte vor einer unipolaren Weltordnung und beklagte einen globalen Anstieg ziviler Opfer von Gewalt und Krieg. Der NATO warf er vor, entgegen den Zusagen ihres Generalsekretärs Manfred Wörner von 1990 ihre Osterweiterung betrieben zu haben. Die OSZE habe sich zu einem Instrument der Einmischung Europas in die inneren Angelegenheiten anderer Staaten entwickelt. Putin appellierte an sein Publikum, Gewalt in den internationalen Beziehungen nur auf der Grundlage der UN-Charta zuzulassen, und rief dazu auf, eine multipolare Weltordnung zu schaffen. Zur Unterfütterung dieser Perspektive führte Putin aus, dass die addierten Wirtschaftskräfte Chinas und Indiens zu Kaufkraftparitäten die der USA überträfen und diejenigen der BRIC-Staaten (Brasilien, Russland, Indien und China) wiederum über dem Bruttoinlandsprodukt Europas lägen. Den Schlusston seiner Rede setzte Putin, indem er aus der tausendjährigen Geschichte Russlands die Zuversicht ableitete, dass Russland auch in der Zukunft eine eigenständige Außenpolitik verfolgen werde.[1]

Moskau, Kreml, 18. März 2014

Im Großen Kremlpalast hat sich die Föderale Versammlung Russlands in Erwartung einer Rede Präsident Putins eingefunden. Das russische Staatsfernsehen, der Erste Kanal, überträgt live. Putin nimmt den Faden rhetorisch dort auf, wo er ihn 2007 in München liegen ließ. Er spannt einen weiten Bogen der Geschichte Russlands vom Mittelalter bis in die Gegenwart. Drei Themen sind in der Rede zentral: Religion, die russische Nation und das Verhältnis Russlands zu Europa und dem Westen. Putin beschwört die sakrale Bedeutung der Krim für Russland, erinnert an die dort angeblich 988 erfolgte Taufe des Kiewer Fürsten Wladimir (ukr. Wolodymyr). Und Putin beschreibt immer wieder Jahrhunderte russisch-europäischer Geschichte als ein Schüler-Lehrer-Verhältnis. Der europäische Lehrer habe Russland stets nur maßregeln wollen, Fortschritte, gar den Eintritt in eine Partnerschaft habe der Lehrer dem Schüler verweigert. Putin knüpft an eine Ausführung in seiner Ansprache an die Föderale Versammlung von 2005 an. Damals hatte er das Ende der Sowjetunion als größte geopolitische Katastrophe des 20. Jahrhunderts bezeichnet, da es Millionen Russen in nichtrussischen Sowjetrepubliken von einem Tag auf den anderen zu Menschen in der Diaspora gemacht habe. Darauf kommt Putin nun zurück und bezeichnet die Russen als das größte geteilte Volk auf der Erde. Zum Schluss seiner Rede blickt er anders als auf der Münchner Sicherheitskonferenz 2007 nicht in die Geschichte zurück, er schreibt Geschichte: Im Anschluss an die Rede werden die Dokumente zum Beitritt der Krim zur Russländischen Föderation unterschrieben. Es wird die Nationalhymne gespielt, das Publikum, das die Rede mehrmals mit frenetischem Applaus unterbrochen hatte, erhebt sich, «Russland, Russland»-Rufe erschallen.[2]

Die Rede Putins von 2007 und der georgisch-russische

Krieg im August 2008 hatten in den USA und Europa für Aufsehen gesorgt. Tiefere Besorgnis stellte sich im Westen jedoch nicht ein. Ganz anders fielen die politischen Reaktionen in den USA, Europa und Deutschland nach dem 18. März 2014 aus, an dem im offiziellen russischen Sprachgebrauch die Wiedereingliederung der Krim in die Russländische Föderation stattfand, aus Sicht des Westens jedoch Russland die Krim annektierte.[3] Eine seitdem häufig eher rhetorisch gestellte Frage in den USA, Europa und Deutschland lautet, ob Russlands und Putins Politik seit der Annexion der Krim und dem Beginn des verdeckten Kriegs Russlands im Donbas (ukrainisch Donbas, russisch Donbass) 2014 imperial oder neoimperial seien. In den Äußerungen von Politikern, Publizisten, Intellektuellen und Journalisten aus der Ukraine, Deutschland, Europa und den USA sind entsprechende Einschätzungen allgegenwärtig. Dies gilt auch bereits für die Zeit vor der Russland-Ukraine-Krise von 2013/14. In den letzten Jahren der Sowjetunion 1990/91 war in den Sowjetrepubliken Estland, Lettland, Litauen, Ukraine und Georgien die Bezeichnung der von Moskau geführten Union als Imperium gängige Münze geworden.[4] Wer so sprach, griff in den inneren Auseinandersetzungen der Sowjetunion die eingängige Fremdbezeichnung des ersten kommunistischen Staates der Welt als «the evil empire» auf, die der amerikanische Präsident Ronald Reagan 1983 verwandt hatte.[5]

Aus der Sicht von Politikern wie dem ersten Präsidenten der souveränen Ukraine Leonid Krawtschuk oder Julia Timoschenko resultierte die Selbständigkeit der Ukraine 1991 aus dem Ende des imperialen Kontinuums von Zarenreich und Sowjetunion, dem die Ukraine seit 1654 angehört hatte.[6] Die Zuspitzung des russisch-ukrainischen Verhältnisses im Winter 2013/14, Russlands Annexion der Krim und der unerklärte Krieg im Donbas seit 2014 wie auch die Intervention in Syrien

2015 haben die ukrainische Einschätzung Russlands als imperialer oder neoimperialer Macht zu einem gängigen Topos gemacht: Die Fremdbezeichnung Russlands als imperial oder neoimperial findet sich in Texten von Politikern, Journalisten und Wissenschaftlern. Der Historiker Timothy Snyder fügt dieser Etikettierung eine historische Dimension hinzu, indem er der Integrationsgeschichte Europas eine destruktive Eroberungsgeschichte Russlands gegenüberstellt. So reduziert sich eine lange und facettenreiche Vergangenheit zu einer geschichtsphilosophischen Schablone.[7]

Doch welche Erklärungskraft besitzt die Bezeichnung des gegenwärtigen Russland als Imperium oder seiner Politik als neoimperial? Politik, Publizistik und Geschichtswissenschaft sprechen hier unterschiedliche Sprachen. Medien und Politik verwenden den Begriff Imperium in einem politischen, klassifikatorischen und metaphorischen Sinn. Für die Geschichtswissenschaft handelt es sich beim Imperium jedoch um ein strukturiertes Themenfeld und einen analytischen Begriff.[8] In den USA und Europa erscheint Imperium im politisch-medialen Sprachgebrauch als eine negative Fremdzuschreibung. Sie wird genutzt, um Staaten zu kennzeichnen, denen eine aggressive und expansive Außenpolitik oder gar die politische Verkörperung des Bösen zugeschrieben werden soll. Wer einen anderen Staat als Imperium bezeichnet, nimmt in Politik und Öffentlichkeit eine klare Unterscheidung vor zwischen der eigenen Rolle des aufgeklärten Demokraten und der Rolle des anderen als militaristischem und expansivem Akteur. In der Historiographie gilt das Militär in der Tat als eine wichtige Stütze imperialer Herrschaft. Auch werden Historikerinnen und Historiker nicht auf die Idee kommen, die Geschichte von Imperien ohne Ausführungen über ihre Expansionsprozesse zu schreiben. Für Historikerinnen und Historiker ist das Thema Imperium jedoch mit Militär und Expansion nicht erschöpft. Andere Aspekte wie vor allem die innere Struktur von Imperien, die Administration von weiten, disparaten Räumen und der Umgang mit kultureller Vielfalt treten als wichtige Themen der Imperiengeschichte hinzu. Die Stabilität imperialer Herrschaft erscheint in solchen Geschichten als ein steter Wechsel von Eroberung und Unterwerfung, aber auch Integration und der Herstellung von Sicherheit und ungleich verteiltem Wohlstand. Auch der Übergang von imperialen zu postimperialen Ordnungen ist ein ausgeprägtes Themenfeld der Imperiengeschichte. Dieses Buch hat das Ziel, die Erkenntnisse der jüngsten Imperiengeschichtsschreibung für die Analyse Russlands seit 1991 fruchtbar zu machen. Dabei vertrete ich die These, dass Russland sich seit 1991 in einer postimperialen Konstellation befindet und die Frage nach dem politischen und gesellschaftlichen Umgang mit dem doppelten imperialen Erbe von Zarenreich und Sowjetunion in Russland noch nicht geklärt ist. Wer die vorläufigen Antworten Russlands auf die Frage nach seinem imperialen Erbe verstehen möchte, kann seinen Blick nicht auf die Person des Präsidenten und dessen Politik beschränken. Historische und strukturelle Zusammenhänge, die politische Elite, die Gebildeten und Publizisten sowie die Gesellschaft Russlands müssen in die Überlegungen einbezogen werden.

Das Buch zielt auf einen wissenschaftlich informierten Beitrag zum öffentlichen Gespräch über Russland und Imperien in Deutschland. Das medial-politische Russlandbild weist in den letzten Jahren in Deutschland eine enorme Spaltung und eine emotionale Aufladung auf und ist sehr konfliktbehaftet.[9] Der Begriff Imperium ist dabei lediglich ein Etikett, mit dem Russland in Zeitungskommentaren versehen wird. Die Russlandbilder in Politik und Medien Deutschlands spiegeln das Aufeinandertreffen zutiefst gegensätzlicher Vorstellungen. Dabei liegt eine weit zurückreichende Kontinuität deutscher

Russlandbilder vor. Für die gegensätzlichen Pole deutscher Russlandvorstellungen stehen beispielhaft zwei Reiseberichte. Im 16. Jahrhundert hat der habsburgische Diplomat Siegmund Freiherr von Herberstein in seiner Beschreibung Moskaus sich die Frage gestellt, ob die harte Herrschaft in Russland das Volk so barbarisch gemacht habe oder umgekehrt ein solch wildes Volk eine strenge Herrschaft erfordere. Im einen wie im anderen Fall galt das Moskauer Reich der politischen Öffentlichkeit im Heiligen Römischen Reich deutscher Nation als ein despotisch regiertes Land.[10] Einen anderen Ton setzte im frühen 18. Jahrhundert der hannöversche Gesandte Friedrich Christian Weber, der in seinem Bericht aus dem jungen St. Petersburg Peter den Großen als energischen und erfolgreichen Reformer Russlands zeichnete.[11] Die aktuellen gegensätzlichen Russlandbilder in Deutschland stehen in einer ungebrochenen Kontinuität der Wahrnehmungsgeschichte Russlands und der Sowjetunion. Russland erscheint als eine Projektionsfläche deutscher Vorstellungen, die gegensätzlicher nicht sein könnten: Der Warnung vor despotischer Herrschaft, Furcht vor russischer Eroberung und herablassender Kritik vermeintlicher russischer Rückständigkeit auf der einen Seite standen stets die Faszination russischer und sowjetischer Kultur und die Projektion gesellschaftlicher Utopien auf Russland gegenüber. Gerd Koenen hat dieses eigentümliche Neben- und Gegeneinander von Bildern den deutschen Russland-Komplex genannt.[12]

Die deutsche Diskussion über Russland steht seit 2014 erneut im Schatten dieses Russland-Komplexes. Zwei Lager haben sich herausgebildet, die quer zu verschiedenen Berufsfeldern und politisch-ideologischen Orientierungen stehen. Ein Austausch von Argumenten findet zwischen ihnen kaum statt. Das eine Lager fordert eine konsequente Neuausrichtung deutscher Politik in Osteuropa und gegenüber Russland.

Russland müsse eindeutig als Opponent, ja Gegner identi-
fiziert werden. Im Verbund mit der NATO und mit den baltischen und ostmitteleuropäischen EU-Mitgliedsländern sowie
der Ukraine gelte es, eine Politik der Eindämmung Russlands
zu entwickeln.[13] Das andere Lager fordert explizit im Zeichen
des Friedens sowie ökonomischer Interessen und implizit in
einer Logik der Geopolitik großer Mächte Verständnis für
Russland und die Aufrechterhaltung eines Dialoges mit Moskau, der darauf zielt, rasch zu einem kooperativen und engen
Verhältnis mit Russland zurückzufinden.[14]

In einer aufgeheizten Atmosphäre, die von populistischer
Medienschelte, gefühlter Wahrheit, Wut und Hetze gekennzeichnet ist, führen zwei Faktoren dazu, dass in Deutschland
zwei Lager getrennt voneinander über Russland sprechen:
erstens die Personalisierung der Russlanddebatte, in der das
Land durch das Prisma der Figur Putin betrachtet wird, und
zweitens einige Beiträge journalistischer und wissenschaftlicher Provenienz über Russland, die in starken Thesenbil-
dungen Zerrbilder von Russland schaffen.

Wesentliche publizistische Energie absorbiert auch in
Deutschland die Figur des Präsidenten Russlands, Wladimir
Putin. Vielen gilt er als personifizierter Schlüssel zum Verständnis Russlands: Wer Putin versteht, verstehe auch Russland. Zahlreiche Biographien Putins belegen diese Erwartungshaltung.[15] Nur wenigen von ihnen gelingt ein systematischer
Einblick in die Politik Russlands. Darüber hinaus gilt Putin
als wichtigster Protagonist einer Reihe von Trends, die in
Russland und auch global zu beobachten sind. So wird Putin
assoziiert mit dem Wiederaufbau eines eurasischen Imperiums, der Rückkehr der Geopolitik, der Etablierung einer
neuen, multipolaren Weltordnung, in der außer der Größe der
Mächte alles Übrige unsicher ist, dem Aufkeimen des Popu-
lismus, der Destabilisierung Europas, der Beeinflussung der

Präsidentenwahl in den USA 2016 und dem Eintritt in eine postfaktische Welt von Cyberkrieg und Desinformation. Das Bild Putins auch in der deutschen Öffentlichkeit ist so schillernd, dass er den einen als Anführer einer Rückkehr in die sattsam bekannte Geschichte von Großmachtkonkurrenz und Nationalismus erscheint, wohingegen andere ihn als Boten einer vollkommen neuen Welt allumfassender Unsicherheit – digital, medial, infrastrukturell, politisch und militärisch – sehen. Den einen gilt er als Gefahr, andere projizieren Hoffnungen auf ihn. Auf Demonstrationen in Deutschland sind Schilder mit der Aufschrift «Putin, hilf uns» zu sehen.[16]

Zur Verhärtung der Positionen tragen eine Reihe von Publikationen bei, die ihre Thesen so stark überzeichnen, dass sie zu keiner vertieften Auseinandersetzung mit Russland einladen. Gabriele Krone-Schmalz hat zu Zeiten der Perestrojka als Russland-Korrespondentin einer ganzen Generation junger Osteuropa-Interessierter in der Bundesrepublik mit ihren Berichten die Sowjetunion und den gesellschaftlichen Wandel dort nähergebracht, so etwa in ihrem Buch über Frauen in der Sowjetunion.[17] In ihren Berichten verarbeitete sie die Ergebnisse von Recherchen und die Eindrücke von Reisen und Gesprächen – ganz anders sind demgegenüber ihre seit 2015 erschienenen Titel *Russland verstehen* und *Eiszeit* geschrieben.[18] Gabriele Krone-Schmalz möchte das politische Handeln Putins allein als Reaktion auf Aktionen des Westens und Europas verstanden wissen. Russische Politik wird so allein als Funktion europäischer und westlicher Fehler und Versäumnisse verstehbar. Widerstreitende Positionen in Russland bleiben ausgeblendet.

Der prominente amerikanische Historiker und *public intellectual* Timothy Snyder, dessen Bücher regelmäßig in deutscher Übersetzung erscheinen und Debatten in deutschen Feuilletons prägen, wirft wiederum sein wissenschaftliches

Kapital für den Euromajdan und die Revolution in der Ukraine in die Waagschale. Das ist nicht weiter verwerflich. Wissenschaftlichkeit und politische Positionierung schließen sich auch für professionelle Historiker nicht aus – zumindest so lange Ersteres nicht der Preis ist, mit dem Letzteres bezahlt wird. So kenntnisreich Snyders Ausführungen über die Ukraine und ihre Geschichte sein können, das Bild der Geschichte Russlands als Antipoden der Ukraine ist bei Snyder mittlerweile sehr verzerrt. Eine lange Geschichte, in der sich europäische Integration und russische Destruktion und Okkupation gegenüberstehen,[19] lässt Snyder nun in einem russischen Faschismus putinscher Prägung als Ausgangspunkt des drohenden Endes der Demokratie in Europa und den USA gipfeln.[20] Snyder und Krone-Schmalz bieten geschlossene Russlandbilder, die gegensätzlicher nicht sein könnten: hier das immer missverstandene und ausgestoßene Opfer, dort der altbekannte Überzeugungstäter, dem partout nicht über den Weg zu trauen ist. Beiden gemeinsam ist, dass sie ein eindimensionales Russland präsentieren. Putins Herausforderung, die Macht unter einzelnen Figuren und Gruppen um sich herum auszubalancieren, und kontroverse Positionen zu Geschichte, Gegenwart und Zukunft Russlands in Medien und Wissenschaft des Landes kommen weder bei Snyder noch bei Krone-Schmalz vor.[21] Es ist jedoch wichtig, die Analyse vor das Urteil zu setzen und die Frage zu stellen, wie sich ein Dialog zwischen Deutschland, seinen östlichen Nachbarn und Russland neu ansetzen ließe. Was das deutsch-russische Verhältnis anbelangt, haben die Historiker Irina Scherbakowa und Karl Schlögel diese Aufgabe einer neuen Generation von Akteuren in den deutsch-russischen Beziehungen zugewiesen.[22]

Bei aller Gegensätzlichkeit ist den verschiedenen Putinbildern in Deutschland gemeinsam, dass sie Putins Möglichkeiten überschätzen. Putin operiert in Strukturen, die er vorgefunden hat. Er moderiert die Interessen einer neuen Elite, die mit ihm gemeinsam an die Macht gelangt ist. In der Innenpolitik wie in der Außenpolitik erscheint Putin als versierter Taktiker. Die große strategische Vision ist nicht seine Stärke. Politikkonzeptionen wie die Modernisierungspartnerschaft Russlands mit der EU zu Beginn des 21. Jahrhunderts, ein Neustart der Beziehungen mit den USA unter der Präsidentschaft von Dmitrij Medwedjew 2008–2012 oder die jüngst ausgerufene Wendung nach Asien sind entweder bereits zu den Akten gelegt oder müssen im Fall der Wendung nach Asien ihre Tragfähigkeit erst noch erweisen. Wer Russland verstehen und einen neuen Dialog mit der Politik des Landes entwickeln möchte, muss sich zwei Dinge klarmachen: Momentan führt an Putin als Ansprechpartner kein Weg vorbei. Doch auch wenn eines Tages jemand anderes auf Putin im Präsidentenamt folgt, wird Russland sich nicht schlagartig von einem auf den anderen Tag völlig wandeln. Die Strukturen, die Putin vorfand und in denen er operiert, werden nach seinem Abgang als Präsident noch da sein. Zu diesen Strukturen gehört Russlands imperiales Erbe – das Erbe des Zarenreiches und der Sowjetunion. Es ist höchste Zeit, sich mit diesem Erbe zu befassen.

II. Dämon und Konzept:
   Was ist ein Imperium?

Wer Russland verstehen möchte, muss sich von den dämonischen Vorstellungen des bösen Imperiums befreien und einen analytischen Blick auf Russland entwickeln. Dabei hilft die Geschichtsschreibung über Imperien und ihr Verständnis von Imperien als politischem System. Die Beschäftigung mit der Geschichte von Imperien liegt umso näher, als in jüngster Zeit eine Reihe von Stimmen die Ansicht vertreten, dass diese Geschichte noch nicht abgeschlossen sei. Nicht nur prägt sich eine Sensibilisierung für das Erbe von Imperien aus, es wird sogar darüber nachgedacht, inwieweit die Zukunft der Welt neuerdings von imperialen Elementen gekennzeichnet sein könnte.[1] Zu den Hinterlassenschaften vergangener Imperien gehören politische Konflikte um neue politische Ordnungen ebenso wie schwere ökologische Folgeschäden beispielsweise in den Regionen atomarer Testgelände, sei es der Sowjetunion im östlichen Kasachstan oder Frankreichs im Pazifik.[2] Zukunftspotentiale imperialer Ordnungen verorten einige Autoren in den internationalen Beziehungen, in der Integration Europas und im Umgang mit Migrationen und der mit ihr verbundenen Vielzahl von Religionen und Kulturen.[3] Imperien können eine großregionale stabilisierte Ordnung hervorbringen. Der Preis dafür ist jedoch ein Souveränitätsverlust kleinerer Staaten, die sich in der imperial dominierten Großregion der Außenpolitik eines Imperiums beugen müssen. Imperien tun sich leichter als Nationalstaaten im Umgang mit religiöser und kultureller Vielfalt. Imperien können hier große Toleranz entwickeln. Sie haben jedoch massive Schwierigkeiten, diese Toleranz gegenüber Vielfalt in eine politische, demokratische Teilhabe aller umzusetzen.

Verschiedene Gegenwartserfahrungen und Zukunftserwartungen haben im zurückliegenden Vierteljahrhundert dazu beigetragen, dass Imperien neuerlich in den Blickpunkt geraten sind und die Beschäftigung mit ihnen an wissenschaftlichem Profil gewonnen hat. Das lässt sich auch für ein vertieftes Verständnis von Russland und seinem Umgang mit imperialen Erbschaften nutzen. Die Geschichtsschreibung hat das Thema Imperium in den 1990er und 2000er Jahren wieder neu für sich entdeckt. In der zweiten Hälfte des 20. Jahrhunderts hatten historiographische Trendwenden wie die französische Schule der Annales mit ihrem Fokus auf Geographie und Mentalitäten sowie schließlich die Sozialgeschichte die Imperien auf die hinteren Plätze der Forschungsgegenstände verwiesen. In den 1980er Jahren stellte die Untersuchung der Geschichte von Nationsbildungen einen neuen Trend in der Geschichtswissenschaft dar. Einigkeit herrschte darüber, dass moderne Nationen ein Phänomen der jüngeren Geschichte darstellen und in ihrer Entstehung ab ca. 1750 nachverfolgt werden können. Viel diskutiert wurde über Kultur und Ökonomie als Faktoren, die die moderne Nationsbildung antrieben. Nationen waren zunächst Vorstellungen in den Köpfen von Deutungseliten und Produkte erfundener Tradition, ehe sie der breiten Masse der Bevölkerung etwa im Schulunterricht vermittelt wurden. Gleichzeitig lassen sich Nationen als soziokulturelle Anpassungen an die Herausbildung nationaler Volkswirtschaften beschreiben. Drei klassische Bücher von Benedict Anderson, Eric Hobsbawm und Terence Ranger sowie Ernest Gellner aus dem Jahr 1983 fassen diesen Kenntnisstand zusammen.[4] Erst als aus dem Untergang der Sowjetunion 1991 15 neue Staaten hervorgingen, rückten Imperien als supranationale Herrschaftsgebilde wieder in den Fokus der Geschichtsschreibung. Weitere Gegenwartserfahrungen haben seitdem das Thema Imperium als relevant erscheinen lassen. Die politikwissenschaftlichen Debatten um die Verfasstheit und eine eventuelle Verfassung der EU und auch die politische Frage nach einer Finalität des europäischen Integrationsprozesses luden das Thema Imperium mit Bedeutung auf. Lassen sich die Begriffe Staatenbund oder Bundesstaat auf die EU und ihre Zukunft anwenden? Die EU ist stärker integriert als ein loser Staatenbund und gleichzeitig doch kein Bundesstaat. Analogien zu Imperien schienen hier eine neue Beschreibungsmöglichkeit des politischen Mehrebenen-Systems der EU zu bieten.

Schließlich ist das Thema Imperium auch in die Diskussion der internationalen Beziehungen zurückgekehrt. Die unüberlegt forsche Außenpolitik des amerikanischen Präsidenten George W. Bush ließ die USA in den Nullerjahren wie einen imperialen Ordnungsakteur im Weltmaßstab erscheinen.[5] Bürgerkriege und Kriege, die im Nahen Osten seit 2011 auf den Arabischen Frühling folgten, wie auch Russlands Annexion der Krim 2014 und verdeckter Krieg im Donbas machten offenkundig, dass die Ordnungen, die im Nahen Osten auf das Ende des Osmanischen Reiches 1918–1923 und im östlichen Europa auf den Untergang der Sowjetunion 1991 gefolgt waren, von postimperialer Instabilität gekennzeichnet sind.[6]

Die neue Konjunktur des Themas Imperium hat die Frage nach der Definition des Phänomens Imperium aufgeworfen. Für den anfänglichen historiographischen Hausgebrauch ließ sich davon sprechen, dass Imperien großräumige Herrschaftsgebilde darstellen, die in sich kulturell und sprachlich sehr unterschiedliche Regionen vereinen. Gewöhnlich werden Imperien von einer Dynastie beherrscht, und vielfach prägen sie eine universalistische Herrschaftsideologie aus. Imperien erscheinen ferner als große Mächte in den internationalen Beziehungen. Ihre Ökonomie lässt sich allein im Maßstab supraregionaler, wenn nicht gar globaler Wirtschaftssysteme erfassen.[7]

In der geschichtswissenschaftlichen Praxis erwies sich diese Definition jedoch rasch als unscharf. Vor allem der Blick auf großräumige Nationalstaaten mit starker innerer regionaler Varianz, die als Großmacht gelten dürfen und weltwirtschaftlich sehr bedeutungsvoll sind – wie beispielsweise die USA seit dem späten 19. Jahrhundert –, warf die Frage nach trennschärferen Kennzeichnungen eines Imperiums auf. Die Politik- und Sozialwissenschaften haben der Historiographie griffigere Idealtypen des Imperiums zur Verfügung gestellt. Alexander Motyl sieht die politischen und ökonomischen Ströme eines Imperiums idealtypisch in der Metapher der Nabe mit Speichen ohne Rad auf den Punkt gebracht. Die Nabe stellt das imperiale Zentrum dar. Die Speichen verkörpern die Verbindungen zu einzelnen Regionen des Imperiums. Die Regionen wie auch die Verbindungen zu ihnen vom Zentrum aus können in Größe und Stärke variieren. Das fehlende Rad bringt zum Ausdruck, dass die Regionen im Imperium nicht untereinander kommunizieren, sondern das imperiale Zentrum alle Kommunikation, politischen Entscheidungsabläufe und ökonomischen Ressourcenextraktionen monopolisiert.[8] Mit dieser bildlich griffigen Definition fallen die EU und Staaten aus dem Feld der Imperien heraus, die ihren Mitgliedsländern bzw. Regionen eine politische Repräsentanz und Kommunikation untereinander erlauben – wie die USA den Senatoren als Repräsentanten der Bundesstaaten im Senat oder die Bundesrepublik Deutschland den Ländern im Bundesrat.

Ulrich Beck und Edgar Grande operieren mit einer idealtypischen Gegenüberstellung von Imperium und Nationalstaat.[9] Beide Herrschaftstypen zielen auf die Herstellung von Sicherheit, Ordnung und Wohlstand. Sie wenden dabei jedoch ganz unterschiedliche Formen der Integration und Abgrenzung an und verteilen Wohlstand in verschiedenem Maß. National-

staaten bilden einen von einer klaren Grenze markierten Herr-
schaftsraum, in dem alle Staatsbürgerinnen und Staatsbürger
die gleichen Rechte genießen und den gleichen Pflichten un-
terliegen. Die Gesellschaft eines Nationalstaats ist vertikal integriert. Imperien bilden asymmetrische Integrationsformen
aus. Der starken Privilegierung und Teilhabe an der Macht
von Eliten kann eine enorme Rechtlosigkeit breiter Bevölke-
rungskreise gegenüberstehen. Die Form dieser Asymmetrie
zeigt in Imperien zudem regional unterschiedliche Ausprä-
gungen. Imperien sind lediglich horizontal integriert. Die
Macht im Zentrum beschränkt sich darauf, lokale und regionale Eliten in die imperiale Herrschaftselite einzubinden. Im
Übrigen kann die imperiale Zentrale die Region der Verwaltung einer regionalen Elite überlassen. Im Gegensatz zum Nationalstaat ist das Imperium politisch von seiner Außenwelt
nicht durch eine linear klar markierte Grenzlinie unterschie-
den. Imperien bilden um sich herum verschiedene Grenz-
säume aus, die in ihrer räumlichen Reichweite variieren: politisch, militärisch, ökonomisch und kulturell. In der Unschärfe
des Grenzsaums liegt die Möglichkeit der Expansion wie auch
zugleich des Rückzugs. Für Letzteres ist Russlands Verkauf
von Alaska an die USA 1867 ein einschlägiges Beispiel.[10] Ein
Nationalstaat würde nicht einen Teil seines Staatsgebietes an
einen anderen Staat verkaufen. Dass etwa die Bundesrepublik
Deutschland Schleswig-Holstein an Dänemark, Mecklen-
burg-Vorpommern an Polen und das Saarland an Frankreich
verkauft, ist ausgeschlossen. Die Definitionen, die Motyl, Beck
und Grande vorgelegt haben, prägen sehr stark die aktuelle
historiographische Darstellung des Phänomens Imperium.[11]
Jüngere Synthesen zur Geschichte von Imperien im Weltmaßstab heben zudem sehr stark auf das Streben der Imperien
nach globaler Dominanz und das Management von Vielfalt in
ihrem Inneren ab.[12]

Schwieriger als die idealtypische Unterscheidung von Imperium und Nationalstaat ist die Positionierung des Konzepts Imperium zu den Begriffen Imperialismus, Kolonialismus, Rassismus und Zivilisation. In der älteren Historiographie galt Imperialismus als ein Epochenbegriff, der das Ausgreifen europäischer Staaten in alle Winkel der Welt von 1880 bis 1914 kennzeichnen sollte. Die jüngere Imperienforschung begreift Imperialismus als einen Prozessbegriff, der epochenübergreifend alle Handlungen erfasst, die zum Erhalt eines Imperiums nötig sind.[13]

Kolonialismus verbindet einige definitorische Gemeinsamkeiten mit Imperium. Imperium und Kolonialismus bezeichnen asymmetrische Beziehungen. Kolonialismus stellt die ökonomische Ausbeutung einer Kolonie durch ein machtvolles Zentrum dar. Dabei lassen sich Stützpunkt-, Herrschafts- und Siedlungskolonien unterscheiden.[14] Häufig wird die Herrschaft des Zentrums über die Kolonie mit rassistischer oder zivilisatorischer Ideologie gerechtfertigt. Der Unterschied liegt dabei darin, dass rassistische Unterscheidung eine dauerhafte Differenz behauptet. Zivilisatorische Differenz ist kulturell und kann somit in einem Prozess der Zivilisierung aufgehoben werden.[15] Koloniale Herrschaft wird in vielen Fällen von einem Imperium ausgeübt. Jedoch gilt nicht der Umkehrschluss. Imperien lassen sich nicht auf Kolonialherrschaft reduzieren. Landimperien wie das russländische Zarenreich beruhten auf der Inklusion regionaler Herrschaftseliten in die Reichselite und einer lange Zeit, bis in die zweite Hälfte des 19. Jahrhunderts, gewährten Autonomie von manchen Regionen des Reiches, die keiner kolonialen Ausbeutung unterworfen waren.

Eine aktuelle Gegenwartsfrage lautet, ob das Thema Imperium in der Vergangenheit liegt und allein hilft, eine historisch gewachsene Gegenwart zu erklären, oder ob die sich abzeichnende Welt des 21. Jahrhunderts auch von Imperialität gekennzeichnet sein wird – und inwieweit sich diese Imperialität wiederum von historischen Erscheinungsformen des Imperiums vom 16. bis zum 20. Jahrhundert unterscheiden könnte. Erste Antworten liefert der Blick in die Politikwissenschaft. Sozialwissenschaftler verwenden nach wie vor das Imperium als Begriff und analytisches Konzept. In den internationalen Beziehungen gelten Imperien als Akteure, die regionale Ordnungen oder gar eine globale Ordnung schaffen und stützen können.[16] In der älteren Imperiengeschichtsschreibung spielte der Unterschied von Land- und Seereichen eine große Rolle. Landreiche kontrollierten Kontinente, Seereiche die Ströme der transkontinentalen Schiffsverbindungen.[17] Es könnte sein, dass diese beiden Aspekte in der Imperialität des 21. Jahrhunderts zusammenfließen. Parag Khanna hat seiner Gegenwartsanalyse und Zukunftsprognose einerseits die geopolitische Konkurrenz von Quasiimperien um Länder der sogenannten zweiten Welt zugrunde gelegt. Andererseits verweist er auf die ungeachtet aller Globalisierungskritik nach wie vor steigende Bedeutung von globalen Megacities als Knotenpunkte in globalen Netzen von Mobilität und Migration, Waren- und Finanzströmen sowie Informationsflüssen.[18] Ehemals imperiale Metropolen könnten so gleichzeitig als globale Megacities und Zentren der Verwaltung und Reorganisation post-imperialer Räume erscheinen.

Eine Synthese aller Imperiumsdefinitionen arbeitet mit einer Vielzahl von Kategorien. Imperiale Handlungen sind in verschiedenen räumlichen Dimensionen zu verorten. Imperiale Politik ist von Fall zu Fall in den internationalen Beziehungen oder der Großregion in der weiteren Nachbarschaft des Imperiums zu beobachten. Ebenso ist imperiales Agieren zu unterscheiden, das entweder den Gesamtstaat des Imperiums oder einzelne Regionen, Kolonien oder Nationen innerhalb des Imperiums betrifft. In allen diesen Räumen fragt diese synthetische Definition danach, wie das imperiale Zentrum die Machtressourcen Politik, Militär, Infrastruktur, Ökonomie und Kultur einsetzt. Die Kultur umfasst dabei nicht allein imperiale Deutungsangebote des Zentrums, sondern beinhaltet auch den Aspekt, wie sich Menschen in Imperien selber verorten und beschreiben. So sehr Unterwerfung und militärischer Zwang bis hin zu Strafexpeditionen und Deportationen zum imperialen Herrschaftsrepertoire gehören, erschöpft sich die Geschichte imperialer Stabilität nicht darin. Auch Imperien machen Integrationsangebote und räumen Autonomien ein. Die Frage, wie Akteure aus unterworfenen Regionen sich ihren Platz im Imperium erarbeiten, ist eine wichtige und facettenreiche Frage der Geschichtswissenschaft.[19] Gleiches gilt für die jahrhundertelange Dauer imperialer Herrschaft. Sie lässt sich nur mit einem Blick auf häufig improvisierte Adaptionsstrategien imperialer Zentren an den Wandel der Zeit und auf ihre Antwort auf Herausforderungen revolutionärer und dekolonisierender Akteure ergründen.

Je weniger ein Staat den Kategorien des Idealtypus Imperium entspricht, umso fragwürdiger erscheint es, ihn als Fall der Imperiengeschichte zu betrachten. Grenzfälle sind dabei nicht ausgeschlossen. Ein Staat kann beispielsweise in seiner großregionalen Nachbarschaft hegemonial wie ein Imperium auftreten, im Inneren jedoch wie ein Nationalstaat organisiert sein. Die Russländische Föderation, die 1991 entstanden ist, entspricht nicht dem Idealtypus eines Imperiums in Reinform, ist jedoch in vielfacher Hinsicht von einem imperialen Erbe gekennzeichnet. Die Verfassung der Russländischen Föderation formuliert in ihrer Präambel und in den Artikeln 1 und 2 Prinzipien, die nicht dem Idealtypus von Asymmetrie und Differenz in Imperien entsprechen, sondern sich an den Gleichheitsvorstellungen des Nationalstaats orientieren. Die

Präambel beschwört Freiheit und die Menschenrechte. Artikel 1 definiert Russland als demokratischen und föderativen Rechtsstaat. Artikel 2 weist den Menschenrechten den höchsten Wert zu.[20] Die Gleichheit der Staatsbürgerinnen und Staatsbürger in der Russländischen Föderation entspricht nicht dem Idealtypus unterschiedlicher Grade von politischer Teilhabe und Untertanenschaft eines Imperiums. Gleichzeitig kann sich die Analyse nicht auf den Verfassungstext beschränken. Der Aufbau einer präsidentiellen Machtvertikale in der zweiten Präsidentschaft Wladimir Putins 2004–2008, Russlands großregionale Hegemonie im postsowjetischen Raum, seine Rolle in den Konfliktregionen in Transnistrien, Abchasien, Südossetien, auf der Krim und im Donbas und sein Großmachtanspruch in den internationalen Beziehungen werfen die Frage nach dem Fortwirken imperialer Logiken auf. Dabei ist zu berücksichtigen, dass der politisch-mediale Blick von außen auf Russland nicht mit der ausgereiften wissenschaftlichen Definition eines Imperiums operiert. In das öffentliche Gespräch über Russland fließen unterschwellige Vorannahmen und Urteile ein. Im deutschen Blick auf Russland ist das Ende des Imperiums ein Ereignis, ein kurzer Moment, auf den im Idealfall eine vollkommen neue Ordnung folgt. Das Ende des Imperiums und der Umgang mit seinem Erbe sind jedoch häufig ein Prozess. Bevor wir darauf zu sprechen kommen, ist es sinnvoll, sich die Spezifika des deutschen Blicks auf Russland vor Augen zu führen und unseren Horizont mit vergleichenden Betrachtungen von Frankreich und Großbritannien in der Phase des Verlusts ihrer Reiche im 20. Jahrhundert zu erweitern.

III. Postimperium: Russland, Deutschland, Frankreich und Großbritannien

Die Wahrheit liegt im Auge des Betrachters, und so erscheint es sinnvoll, sich zu vergegenwärtigen, dass sich das postimperiale Russland von verschiedenen Beobachtungspunkten aus unterschiedlich darstellt. Die deutsch-sowjetische Geschichte hat dabei zu ganz eigentümlichen Blickeinstellungen auf Postimperialität geführt, die sich mit einem vergleichenden Perspektivwechsel auf die postimperialen Geschichten Frankreichs und Großbritanniens im 20. Jahrhundert analytisch bereichern lassen.

Die Geschichten von Imperialität im 20. Jahrhundert sind in Deutschland und Russland respektive der Sowjetunion ausgesprochen gegenläufig. Die Deutschen versuchten in der ersten Hälfte des 20. Jahrhunderts in beiden Weltkriegen vergeblich, ein Kontinentalimperium in Europa zu errichten, das sich vor allem auf die Eroberung, Ausbeutung und Beherrschung des östlichen Europa stützen sollte. Die Weltkriegsniederlage von 1945 markiert in der Geschichte Deutschlands das endgültige Scheitern imperialer Ambitionen und den Beginn einer postimperialen Geschichte zweierlei Spielart in der Bundesrepublik Deutschland und der DDR. Spiegelbildlich stellt sich dazu die sowjetische Geschichte dar. Die Bolschewiki verkündeten in ihrem weltrevolutionären Elan von 1917 das Ziel, den Imperialismus aus der Welt zu schaffen und dem Selbstbestimmungsrecht der Völker in einem großen Vorgang der Dekolonisation zur Geltung zu verhelfen. Tatsächlich konsolidierten jedoch die Bolschewiki am Ende des Bürgerkriegs in Russland 1921 mehr oder weniger den Raum des ehemaligen Zarenreiches und reorganisierten ihn in der Sowjetunion als ein Imperium neuen Typs, das sie freilich nicht so nannten.

Im und nach dem Zweiten Weltkrieg expandierte dieses sowje-tische Imperium in Ostmittel- und Südosteuropa und schuf mit dem Warschauer Pakt und dem Rat für Gegenseitige Wirt-schaftshilfe zwei Institutionen zur Beherrschung des erwei-terten imperialen Raumes.

In der deutschen Geschichte erfasst die Schablone des Na-tionalstaats nicht den Staat, der mit der deutschen Reichsgrün-dung von 1871 entstanden war. Elsass-Lothringen, Schleswig und Holstein und die preußischen Teilungsgebiete Polens stehen für eine Multiethnizität in deutsch-französischen, deutsch-dänischen und deutsch-polnischen Grenzregionen jenseits des Idealtypus eines ethnisch homogenen National-staats. Die Kolonien, die das Deutsche Reich schließlich in Afrika und China erwarb, weisen das Kaiserreich vollends als einen sich imperialisierenden Staat aus.[1] Den Höhepunkt er-reichte das Empire-building des Kaiserreichs im Ersten Welt-krieg 1918 im östlichen Europa. Unter der Bezeichnung «Ober-Ost» hatte General Ludendorff eine deutsche Militärverwaltung im Baltikum, allen voran in Estland und Lettland, aber auch in Teilen Litauens, einrichten lassen. Sie zielte auf die maximale deutsche Kontrolle und ökonomische Ausbeutung der Re-gion. Gleichzeitig erhob sie den Anspruch einer deutschen kulturellen Mission, die die Ordnung der komplexen ethno-graphischen Situation in der Region ins Visier nahm.[2] Der Friedensschluss, den das Deutsche Reich im März 1918 in Brest-Litowsk dem revolutionären Sowjetrussland aufzwang, brachte die gesamte Region Ostmitteleuropas von der Ostsee bis an das Schwarze Meer einschließlich der Ukraine unter die Kontrolle Deutschlands. Im Sommer 1918 lag die Ostgrenze des vom Kaiserreich beherrschten Raumes östlich der heuti-gen Ostgrenze der EU. In der Ukraine glaubte die Oberste Heeresleitung im Hetmanat von Skoropad'skyj ein verläss-liches Instrument zu besitzen, um den Fluss von Getreide und

Rohstoffen in das Kaiserreich zu gewährleisten. Als die ukrainischen Lieferungen hinter den deutschen Erwartungen zurückblieben, übernahm das deutsche Militär zunehmend die Kontrolle und entfremdete sich damit die ukrainische Nationalbewegung.[3] Im Zweiten Weltkrieg stand die deutsche Besatzungsherrschaft in Europa und zumal im östlichen Europa in einer Kontinuität zur ökonomischen Ausbeutung im Ersten Weltkrieg, unterschied sich jedoch von ihr in ihrem rassisch und ideologisch motivierten Vernichtungskrieg.[4]

Wie auch im Fall Japans endete das deutsche Empire-building abrupt mit der Weltkriegsniederlage 1945. Die DDR wurde zu einem Teil des sowjetischen Imperiums, ihre Staats- und Parteiführung lässt sich in der analytischen Sprache der Imperiengeschichte als Kollaborationselite des Moskauer Zentrums in einer Region des Imperiums beschreiben. Diese Funktion erfüllten die SED und ihr Staatsapparat nicht allein in der DDR, sondern auch mit ihren Plädoyers für die Intervention zur Beendigung des Prager Frühlings 1968. Auch 1981 gehörte Erich Honecker zu den Fürsprechern einer Intervention in Polen, die dann jedoch nicht stattfand, da Jaruzelski in Polen das Kriegsrecht verhängte.[5] Abgesehen davon war die offizielle Propaganda in der DDR ganz auf Antifaschismus und Antiimperialismus eingestellt. In der Geschichte der Bundesrepublik finden sich allein Spuren eines imperialen Erbes, wenn der Blick auf Expertenkontinuitäten von den Kolonialinstituten des späten Kaiserreichs zur jungen Entwicklungshilfe in der Bundesrepublik fällt.[6] Deutlich wird der postimperiale Charakter der Bundesrepublik vor allem in der Militärgeschichte. Die Wiederbewaffnung in den 1950er Jahren erfolgte nach einer zutiefst kontroversen Diskussion. Die Friedensbewegung nimmt einen zentralen Platz ein in der politischen Kultur der Bundesrepublik der 1980er Jahre. Die Kosovo-Intervention der NATO-Staaten 1999 markiert den erstmaligen direkten Einsatz der Bundeswehr in einem internationalen Konflikt. Vorangegangen waren turbulente Diskussionen, am heftigsten auf einem Parteitag von Bündnis 90/ Die Grünen. In der Bundesrepublik der vierten Kanzlerschaft von Angela Merkel dreht sich die erbitterte politische Auseinandersetzung um das Selbstverständnis der Nation: Eine politische Staatsbürgernation in einem Einwanderungsland und die Rückkehr zu einer ethnisch definierten nationalen Gemeinschaft bilden die Pole der Debatte. Interessanterweise bringen dabei vor allem die Anhänger des ethnischen Nationalismus Verständnis für Putins Geltungsansprüche Russlands jenseits seiner eigenen Grenzen auf. Unabhängig davon käme jedoch niemand in Deutschland auf die Idee, die deutschen Selbstvergewisserungsdebatten mit imperialen Aspekten aufzuladen. Allenfalls von einer Macht in der Mitte Europas, von einem ausgleichenden Zentrum in der Europäischen Union ist in der Publizistik die Rede.[7] Das Imperium ist 1945 endgültig aus dem Selbstbeschreibungsrepertoire der Deutschen verschwunden. In der deutschen Erfahrung ist das Ende eines Imperiums ein Ereignis, das sich in einem konkreten Moment vollzog. Die Kapitulationen vom 8. und 9. Mai 1945 haben einen definitiven Schlussstrich unter das Thema Imperium in der Geschichte Deutschlands gezogen.

Ganz anders stellt sich die Geschichte des Imperiums in Russland und der Sowjetunion im 20. Jahrhundert dar.[8] Lenin betrachtete den Imperialismus als höchstes Stadium des Kapitalismus und sah im Zusammenfall von Weltkrieg und Revolution in Russland die Gelegenheit gekommen, in einer Weltrevolution die Herrschaft der Arbeiterklasse und in einer damit verbundenen globalen Dekolonisation das Selbstbestimmungsrecht der Völker in Überwindung der Imperien durchzusetzen. Das Zarenreich bezeichnete Lenin als einen Völkerkerker, in dem die Russen in seinen Augen die Rolle des chauvinistischen Gefängniswärters übernommen hatten und andere, kleine Nationen unterdrückten.

Das ist eine äußerst schablonenhafte Auffassung vom Funktionieren des Zarenreiches. Das Zarenreich stellte von der Zarenkrönung Iwans IV. 1547 bis zum Ende der Monarchie 1917 ein Vielvölkerreich dar, dessen regierende Reichselite in Militär und Verwaltung einen ausgesprochen multiethnischen Charakter besaß. Zu ihr gehörten außer den Russen Tataren, Georgier, Armenier, Deutschbalten und Ukrainer, um nur einige der wichtigsten Gruppen zu nennen. Ihr verbindendes Element war die Loyalität zum Zaren und zum Reich, nicht die russische Sprache und die orthodoxe Religion. Eroberte Gebiete waren in sehr unterschiedlichen Formen Teil des Imperiums. Der deutschbaltische Adel der Ostseeprovinzen hatte in seinen Kapitulationen genannten Abkommen mit Peter dem Großen 1710 eine völlige innere Autonomie der Ostseeprovinzen festschreiben lassen. Von 1654 bis 1764 besaß das Hetmanat der ukrainischen Kosaken Autonomie im Zarenreich. Andere Regionen wiederum wie etwa die letzte große Eroberung des Zarenreiches, das zentralasiatische Generalgouvernement Turkestan, waren einer kolonialen Ausbeutungsherrschaft des russischen Zentrums unterworfen.[9]

Ab dem 18. Jahrhundert testeten Nationalitätenfragen zunehmend die Adaptionsfähigkeit des Vielvölkerreiches an den Wandel der Zeit. Bis zum Ende des Reiches 1917 gab es Fürsprecher der Idee, die Russen sollten die Rolle einer Titularnation einnehmen und vor allem in der Verwaltung für eine russische Homogenisierung des Reiches sorgen. Diese Idee konnte jedoch nie vollständig in die Praxis umgesetzt werden. Der Anteil der Ostslawen, d.h. der Russen, Belarusen und Ukrainer, lag um 1900 bei zwei Dritteln der Gesamtbevölkerung des Reiches. Die Reichselite in Militär und Bürokratie war auch am Vorabend des Ersten Weltkriegs unverändert

multiethnisch zusammengesetzt. Die Idee einer übernatio-
nalen, auf Reich und Dynastie bezogenen Loyalität existierte
auch im frühen 20. Jahrhundert noch parallel zu Nationalisie-
rungsprojekten im Zarenreich und sicherte seine Existenz.[10]

Nationalitätenkonflikte konnten dabei zwei verschiedene
Formen annehmen. Zum einen handelte es sich um eine fun-
damentale Auseinandersetzung zwischen der russischen und
der ukrainischen Nationsbildung und weiter gedacht um
den Stellenwert der russischen Nation im russländischen Vielvölkerreich. Im 19. Jahrhundert dominierte unter Russen die
Vorstellung der sogenannten großen russischen Nation, zu
der unter Führung der Russen die Ukrainer und Belarusen als
vermeintlich russische Regionalvarianten hinzugedacht wurden. Die sichtbare und mit Händen greifbare kulturelle ukrainische Nationsbildung unterdrückte die Petersburger Reichszentrale im letzten Viertel des 19. Jahrhunderts mit rigorosen
Publikationsverboten der ukrainischen Sprache. Dieser russisch-ukrainische Konflikt war ein doppelter. Es ging um das
Konkurrenzverhältnis zweier Nationsbildungen und um die
Frage, ob die sogenannte große russische Nation unter Einbe-
ziehung der Ukrainer sich die Führung des Reiches würde an-
eignen können – was, wie oben ausgeführt, nicht gelang. Zum
anderen ließen sich in den Regionen des Reiches Konflikte
zwischen Nationsbildungen beobachten, in die die russische
Nationsbildung nicht involviert war, z.B. zwischen Armeniern und Aserbajdschanern. Lenins Bild vom Zarenreich als
Völkergefängnis enthielt mithin allein ein Körnchen der Wahrheit, ging im Großen und Ganzen aber an der Funktionsweise
des Imperiums vorbei.

Entscheidender als die Richtigkeit von Lenins Diktum waren jedoch die Schlüsse, die die Bolschewiki nach ihrem Sieg
im Bürgerkrieg 1921 daraus zogen. Der Sieg der Bolschewiki
im Bürgerkrieg beruhte auf vielen Faktoren. Einer davon war

zur Überraschung der Kommunisten die mobilisierende Wirkung von Nationen. Die Weißen, die im Bürgerkrieg auf die Wiederherstellung des Imperiums zielten, trieben die nichtrussischen Nationalbewegungen an die Seite der Bolschewiki, die vom Selbstbestimmungsrecht der Völker sprachen. Während und nach der Gründung der Sowjetunion 1921/22 begründeten Lenin, sein Nationalitätenkommissar Stalin und die Parteitagsbeschlüsse der Kommunisten eine Politik, die auf die bewusste Förderung von nichtrussischen Nationen setzte. Die Sowjetunion war ein Bund von sozialistischen Unionsrepubliken, die als territorialisierte Nationen gegründet worden waren. In ihren Unionsrepubliken sollten etwa die Belarusen und die Ukrainer die Möglichkeit haben, jene Etappen von Nationsbildung nachzuholen, die ihnen das Zarenreich versagt hatte. Zugleich gaben die Bolschewiki das Motto «national in der Form, sozialistisch im Inhalt» aus und waren der festen Überzeugung, dass sich im Vielvölkerstaat Sowjetunion der Kommunismus den Menschen in ihren Muttersprachen umso leichter vermitteln ließ.

Als die Transformation Russlands zu einem vollkommen industrialisierten und urbanisierten proletarischen Staat hinter den hochfliegenden Erwartungen der Bolschewiki zurückblieb, stellten sich die Revolutionäre die Frage, worin die Gründe liegen könnten. Als Marxisten gingen die Bolschewiki davon aus, dass der Weg zum Sozialismus und Kommunismus in einer Notwendigkeit der Geschichte lag, die der historische Materialismus erklärte. Irgendjemand musste dem Rad des Fortschritts in die Speichen gegriffen haben. Diese Annahme führte zu einer Inflation von Feindbildern in der jungen Sowjetunion. Waren die Feinde der Bolschewiki Anfang 1917 und im Bürgerkrieg noch die Vertreter der alten Ordnung – Adlige, Geistliche, Bürger –, so sprachen die Kommunisten im Verlauf der 1920er Jahre zunehmend von

Saboteuren des sowjetischen Experiments. Ende des Jahr-
zehnts nährte Stalin den Verdacht, dass die Saboteure auch in
den nationalen Republiken der Sowjetunion wie etwa der
Ukraine und unter den Nationen benachbarter Staaten wie
Polen zu finden seien. Die 1930er Jahre brachten in der Sowjetunion eine Nationalisierung von Feindmarkierungen mit
sich. Die sogenannten nationalen Operationen des NKWD,
des Innenministeriums und Geheimdienstes, richteten sich
gegen Ukrainer, Polen, Deutsche und andere, die entweder innerhalb der Sowjetunion deportiert oder erschossen wurden.
Die Ukrainer verdächtigte Stalin zudem, die Kollektivierung
der Landwirtschaft zu hintertreiben. Trotz Hungersnöten ließ
Stalin unbarmherzige Getreiderequirierungen durchführen,
denen Millionen Ukrainer, aber auch Russen und Kasachen
zum Opfer fielen.[11]

Mit der Feinderklärung an eine Reihe von Nationalitäten in
der Sowjetunion ging in den 1930er Jahren eine Aufwertung
der Rolle der Russen in der Union einher. Stalin wertete die
Bedeutung der Geschichte Russlands zu einer Quelle auf, aus
der sich der Sowjetpatriotismus speisen sollte. Militärische
Leistungen der Russen in vorangegangenen Jahrhunderten
sollten den Sowjetmenschen in ihren Kämpfen gegen Feinde
ein leuchtendes Vorbild sein. Den Russen wies Stalin nun die
Rolle als führendes Volk in der Sowjetunion zu. Maßgebliche
Führungspositionen in den Moskauer Zentralen der Staats-
und Parteiführung wurden nun vor allem von Russen besetzt.
Den nationalen Führungskadern in den Unionsrepubliken
wurden gleichfalls russische Vertreter zur Seite gestellt. So
drängte Stalin die Russen in die Rolle, ohne nominell das Titu-
larvolk der Sowjetunion zu sein, als Erste für den Zusammenhalt der Union zuständig zu sein. Auf einem Empfang im
Kreml zu Ehren der Befehlshaber der Truppen der Roten
Armee brachte Stalin am 24. Mai 1945 einen Toast auf das

Sowjetvolk, vor allem jedoch auf die Russen und ihren unschätzbaren Beitrag zum Weltkriegssieg aus. Das sowjetische
Empire-building erreichte im und nach dem Zweiten Weltkrieg eine neue Stufe. Mit der Expansion nach Ostmittel- und
Südosteuropa und in den Osten Deutschlands erweiterte sich
der sowjetisch beherrschte Raum enorm. Die Sowjetunion,
der Warschauer Pakt und der Rat für Gegenseitige Wirtschaftshilfe bezeichnen die politischen, militärischen und ökonomischen Zusammenhänge des sowjetischen Imperiums und machen zugleich Räume unterschiedlicher Integrationsdichte
deutlich. Die Beherrschung eines solchen Imperiums hätte
sich im Oktober 1917 keiner der bolschewistischen Revolutionäre ausgemalt. 1917 war die Zukunftsperspektive die Absicherung der Revolution in Russland durch eine Weltrevolution gewesen. Nach 1945 sicherte im jungen Kalten Krieg ein
Imperium die kommunistische Herrschaft in der Sowjetunion
und über ihr Vorfeld.[12]

Am 25. Dezember 1991 ging die Sowjetunion zu Ende.
Michail Gorbatschow trat in einer im sowjetischen Fernsehen
übertragenen Rede von seinem Posten als Präsident zurück,
und über dem Moskauer Kreml wurde die Sowjetflagge vom
Fahnenmast geholt. Die Unterschiede zwischen dem Ende
des deutschen Empire-buildings am 8. und 9. Mai 1945 und
dem Ende der Sowjetunion am 25. Dezember 1991 könnten
kaum größer sein. Nazi-Deutschland hatte einen Krieg verloren, die Sowjetunion nicht. Zum Glück für Deutschland,
Europa und die Welt blieb dem Deutschen Reich im Mai 1945
keine andere Wahl, als sich seinen Kriegsgegnern bedingungs-
los zu ergeben. Im Kontrast dazu richteten sich noch im
Sommer 1991 alle Hoffnungen des amerikanischen Präsidenten George Bush darauf, Gorbatschow und die Sowjetunion
zu erhalten. Die Szenarien der Proliferation von sowjetischen
Atomwaffen und von Kriegen um das Erbe eines Vielvölker-

staats, wie sie sich 1991 in Jugoslawien zeigten, ließen der US-Administration 1991 den Erhalt der Sowjetunion angeraten erscheinen. Doch die die UdSSR vorneweg tragenden Republiken Russland, Belarus und die Ukraine waren im Dezember 1991 übereingekommen, die Sowjetunion aufzulösen. Das Ende des sowjetischen Imperiums wurde in seinem Zentrum beschlossen und besiegelt.[13]

Aus der deutschen und auch der westlichen Perspektive mochte 1991 die Erwartung groß gewesen sein, dass mit der Sowjetunion auch ein Imperium von heute auf morgen aus der Welt verschwunden war. Doch das Ende eines Imperiums ist nicht immer ein schlagartiges Ereignis wie in Deutschland und Japan 1945. Das Ende eines Imperiums kann auch ein Prozess sein, der sich über mehrere Jahrzehnte erstreckt und Phasen beinhaltet, in denen Versuche zum Erhalt von Teilen des Imperiums sowie postimperiale und neoimperiale Phasen sich überlappen. Die Zeit von Gorbatschows Perestrojka bis zum Beginn von Putins vierter Präsidentschaft 2018 stellt in der Geschichte Russlands eine solche Phase dar, einen Abschnitt, in dem ein Land auf der Suche nach Umgangsformen mit seinem imperialen Erbe ist.

In dieser Hinsicht stellt Russland keinen Einzelfall in der Weltgeschichte dar. Es lohnt sich, den Blick auf die Russländische Föderation seit 1991 in einer vergleichenden Perspektive auf Großbritannien und Frankreich im 20. Jahrhundert und vor allem nach 1945 zu schärfen. Bereits nach dem Ersten Weltkrieg standen angesichts erstarkender Nationalbewegungen in Asien, der elementaren Beiträge von Kolonialarmeen zum Weltkriegssieg der Briten und Franzosen und der neuen weltpolitischen Agenda des amerikanischen Präsidenten Woodrow Wilson Fragen nach Reformen der Kolonialreiche oder gar ihrer vollkommenen Dekolonisation auf der Tagesordnung.[14] In der Friedensordnung von Versailles 1919 und dem neugegründeten Völkerbund gelang es jedoch den Briten und Franzosen, ihre Kolonialreiche nicht nur zu erhalten, sondern in Gestalt der Mandatsgebiete des Völkerbundes sogar zu vergrößern.[15] Im Innern ihrer Reiche beharrten Briten und Franzosen auf einer Hierarchie, die europäische Kolonialherren und die Kolonialisierten in Afrika und Asien strikt trennte. Was in den Metropolen London und Paris wie eine Konsolidierung kolonialer Herrschaft erscheinen mochte, trug jedoch den Keim zu einem neuerlichen und umso entschiedeneren Anlauf zur Dekolonisation in Afrika und Asien nach dem Zweiten Weltkrieg in sich.[16] Konnten Briten und Franzosen den Völkerbund noch zur Aufrechterhaltung ihrer Reiche nutzen, so wendete sich nach 1945/46 das Blatt in der Generalversammlung der Vereinten Nationen. Hier entstand eine globale Bühne, auf der vor allem Indien eine Lanze für die weltweite Dekolonisation brach.[17]

Nichtsdestoweniger gibt es unterschiedliche Ansichten darüber, wie das Ende der britischen und französischen Imperien zu schreiben sei. Dan Diner hat das Ende britischer Weltherrschaft als dramatischen Moment beschrieben, als *translatio imperii* am 21. Februar 1947, einem Freitagnachmittag, an dem Herbert M. Sichel aus der britischen Botschaft in Washington im State Department vorstellig wurde, um mitzuteilen, dass Großbritannien den weltordnungspolitischen Staffelstab im globalen Kampf gegen den Kommunismus auf dem Balkan und in der Levante an die USA weiterreiche.[18] Die Mehrzahl der Historikerinnen und Historiker bettet das Ende der Imperien jedoch in einen längeren Prozess der Dekolonisation im 20. Jahrhundert ein, der seine entscheidende und finale Etappe von 1945 bis in die 1970er Jahre oder gar bis zum Ende der Sowjetunion erlebte.[19]

In der Tat verfolgten die politischen und militärischen Eliten in Großbritannien und Frankreich nach 1945 eine Vielzahl

unterschiedlicher Strategien, ihre Kolonialreiche zu reformieren und in Teilen zu bewahren, bevor die Dekolonisation auch
in London und Paris um 1970 als Faktum Anerkennung fand.
Das Repertoire imperialer Herrschaft nach 1945 umfasste in
Frankreich und Großbritannien Versuche, neue regionale Ko-
operationseliten mit Autonomieangeboten zu gewinnen, Teile
des Imperiums abzustoßen und andere mit Infrastrukturmaß-
nahmen dafür umso stärker einzubinden, den Status der Kolo-
nisierten aufzuwerten, ihnen Formen von Staatsbürgerschaft
und Migrationsrechte einzuräumen und sozialstaatliche Ge-
winne in Aussicht zu stellen sowie die Anwendung von militärischer Gewalt unter Missachtung grundlegender Menschenrechte, um Regionen gewaltsam im Imperium zu halten.

In Vietnam wichen die Franzosen in den 1940er Jahren von
einer strikten Trennung zwischen Kolonialisten und Koloni-
sierten ab, indem sie versuchten, eine lokale Kooperationselite
in die Beherrschung der Kolonie einzubinden. Als dieser Versuch scheiterte, griff Frankreich zur gewaltsamen Eskalation
der Auseinandersetzung. Erst als die imperialen Logiken sowohl von «divide et impera» als auch danach des forcierten
Gewalteinsatzes nicht zum gewünschten Ziel geführt hatten,
fügte die französische Politik sich in das Ende ihres Kolonial-
besitzes und deutete ihre misslungene Einigung mit Ho Chi
Minh um. Was als Stabilisierungsversuch des Imperiums begonnen worden war, galt nun als Frontlinie in der globalen
Auseinandersetzung mit dem Kommunismus, die Frankreich
in Vietnam den USA überließ.[20] In Algerien führte Frankreich von 1954 bis 1962 Krieg gegen die algerische National-
und Unabhängigkeitsbewegung. Um den Preis von Verstößen
gegen die Allgemeine Erklärung der Menschenrechte der Generalversammlung der Vereinten Nationen von 1948 und ho-
her Opferzahlen unter Algeriern, Algerierfranzosen und eigenen Soldaten gelang es Frankreich, militärisch überlegen zu

bleiben. Der Krieg wurde jedoch in Frankreich so unpopulär, und der Protest gegen ihn nahm ein solches Ausmaß an, dass Präsident Charles de Gaulle sich schließlich in das Ende des Krieges und den Verlust Algeriens fügte. Der Verlust Vietnams und der Algerienkrieg markierten auch das Ende anderer französischer Versuche, das Empire beisammenzuhalten. In den afrikanischen Kolonien hatte es in der Mitte des 20. Jahrhunderts vielfältige Überlegungen und Reformen gegeben, wie sich in Projekten des imperialen Nation-building aus kolonialen Untertanen neue Staatsbürger eines erneuerten Empires formen ließen.[21] Eine nochmals anders gelagerte Strategie hatte Großbritannien nach dem Zweiten Weltkrieg verfolgt. Mit der Entlassung Indiens und Pakistans in eine blutige Teilung und die Unabhängigkeit versuchte Großbritannien, seine imperialen Kräfte in Afrika zu stärken. Infrastruktur-, Bildungs- und Wohlfahrtsvorhaben und den französischen Projekten ähnliche Reformüberlegungen zum Abbau kolonialer Hierarchien sollten dem britischen Kolonialbesitz in Afrika ein neues Rückgrat verleihen. Doch ähnlich wie die Franzosen in Vietnam kamen auch die Briten nicht um die Einsicht der begrenzten Wirkung solcher Vorhaben herum. In Kenia wandte schließlich auch Großbritannien Gewalt zum Erhalt des Empires an. Auch hier standen Verhaftungen, Erschießungen und Internierungslager im Widerspruch zu den von Großbritannien in der Vollversammlung der Vereinten Nationen mitbeschlossenen Menschenrechten.[22]

Der Blick auf Frankreich und Großbritannien zeigt, dass der Abschied von jahrhundertelangen Imperialgeschichten kein punktuelles Ereignis, sondern ein längerer Prozess ist. In ihm wechselten sich über Jahrzehnte Reformbemühungen sowie Gewalt und Krieg als letztes Mittel zum Erhalt des Imperiums ab. Es nimmt seine Zeit in Anspruch, bis imperiale Politik in den Köpfen der politischen Elite eines Landes keine

Option mehr darstellt. So wie in Frankreich und Großbritannien politische Akteure von den 1940er Jahren bis in die 1960er Jahre hinein versuchten, ihre Kolonialreiche zu reformieren und in Teilen zu erhalten, so versuchte Michail Gorbatschow, die Teilrepubliken der UdSSR mit einem neuen Unionsvertrag zusammenzuhalten.

IV. Erblasser wider Willen:
Gorbatschow, das Ende der
Sowjetunion und das Erbe
des Imperiums

Die deutsche Wahrnehmung ist von einer großen Faszination und Bewunderung Gorbatschows geprägt. Bei seinem Besuch der Feierlichkeiten zum 40. Jahrestag der DDR im Herbst 1989 erschien er vielen Menschen in der DDR als personifizierte Hoffnung, dass Wandel und Öffnung, über Moskau vermittelt, schließlich auch Ost-Berlin erreichen könnten. In der Bundesrepublik Deutschland wiederum gilt dem Initiator von Glasnost (Offenheit) und Perestrojka (Umbau) Dank für seinen unschätzbaren Beitrag zur friedlichen Beendigung des Kalten Kriegs und für seine Zustimmung zur deutschen Einheit 1990. In Russland jedoch ist Gorbatschow als die Figur in die Geschichte eingegangen, die alles verspielt hat: ein großes Land mit dem Status einer Supermacht. In Russland wird Gorbatschow als Superlativ des Scheiterns erinnert.

Dabei war 1985 in der Sowjetunion ein Kurswechsel überfällig. Leonid Breschnjews Nachfolger Jurij Andropow und Konstantin Tschernjenko standen für eine alte Generation von Apparatschiks und waren 1984 und 1985 jeweils nach kurzer Zeit im Amt des Generalsekretärs der Kommunistischen Partei der Sowjetunion (KPdSU) gestorben. Gorbatschow entstammte einer jüngeren Generation. Der Sowjetunion, der KPdSU und dem Kommunismus fühlte er sich vollkommen verpflichtet. Dennoch brachte er eine Dynamik in die Sowjetunion der 1980er Jahre, die niemand erwartet hatte. Gorbatschow, 1931 in der Region Stawropol im Nordkaukasus geboren, absolvierte ein agrarwirtschaftliches Studium, das ihm einen Posten als Sekretär für Landwirtschaft einbrachte. Nachdem er bereits 1952 in die KPdSU eingetreten war, erfolgte 1971 seine Aufnahme in das Zentralkomitee

der Partei – eine erfolgreiche und doch zugleich eine Partei-
karriere von vielen.[1] Gleichwohl war es eine Laufbahn mit Erfahrungen, die später in Gorbatschows «Neues Denken» einfließen sollten. Dies gilt nicht zuletzt für seine Abwicklung
der Rolle der Sowjetunion als Macht im Kalten Krieg und Hegemon in Ostmitteleuropa. Bereits 1969 erlebte Gorbatschow
bei einem Aufenthalt in Prag, dass die Rote Armee entgegen
der offiziellen Moskauer Darstellung letztlich als Besatzungs-
macht in der Tschechoslowakei herrschte.[2] Während der Perestrojka brach Gorbatschow mit der Breschnjew-Doktrin,
der zufolge kein Mitgliedsland des Warschauer Paktes das
Bündnis verlassen und sich vom Staatskommunismus verabschieden dürfe.

In kürzester Zeit fuhr Gorbatschow das weltpolitische
Engagement der Sowjetunion zurück und rückte von der
sowjetischen Vormachtstellung im östlichen Europa ab. Sieht
man von einigen Militärberatern ab, die in Kabul verblieben, war der Abzug des sowjetischen Militärs aus Afghanistan
am 15. Februar 1989 abgeschlossen. Im Juni 1989 kam mit Ta-
deusz Mazowiecki der erste nichtkommunistische Ministerpräsident seit dem Ende des Zweiten Weltkriegs in Polen in
sein Amt. Im Europarat in Straßburg beschwor Gorbatschow
das gemeinsame Haus Europa. Im Herbst 1989 ließ Gorbatschow bei seinem Berlinbesuch anlässlich des 40. Jahrestags
der DDR durchblicken, dass er das sowjetische Militär nicht
einsetzen würde, um die Herrschaft der SED zu retten. Vom gewaltsamen Sturz Ceaușescus in Rumänien abgesehen, endete
der Kommunismus in Ostmitteleuropa 1989 in friedlichen
Revolutionen. Ende November und Anfang Dezember 1989
trafen sich Gorbatschow und der amerikanische Präsident
Bush, um das Ende des Kalten Krieges und der Ordnung von
Jalta zu verkünden. Der außenpolitische Sprecher Gorbatschows, Gennadij Gerasimow, rief mit Blick auf Ostmittel-

europa die Sinatra-Doktrin aus: Do it your way. Die Charta von Paris der KSZE vom November 1990 verkündete das Ende der Teilung Europas und eine Zukunft im Zeichen von Demokratie, Rechtsstaatlichkeit, Menschenrechten, territorialer Unverletzlichkeit der Staaten und gewaltfreien Staatenbeziehungen. Bei seinem Besuch in Peking im Mai 1989 stimmte Gorbatschow einem Rückzug des sowjetischen Militärs aus der Mongolei zu, die nun auch ihren eigenen Weg gehen durfte. Frühere Klienten aus dem Kalten Krieg wie Kuba und Laos ließ die Sowjetunion fallen. 1990 stimmte die Sowjetunion im Weltsicherheitsrat der UNO der Operation Desert Storm der USA zur Befreiung Kuwaits von irakischer Besatzung zu. Die Sowjetunion war nicht länger eine weltpolitische Alternative zum Westen.[3]

Auch im Inneren der Sowjetunion setzte Gorbatschow eine neue Dynamik in Gang. Nachdem er am 11. März 1985 zum Generalsekretär der KPdSU ernannt worden war, ging er rasch sein Reformprogramm an, das die Begriffe Perestrojka (Umbau) und Glasnost (Offenheit) anleiteten.[4] Auf ihrer Grundlage zielte Gorbatschow darauf, die Sowjetunion und die Partei von Vetternwirtschaft und Korruption zu befreien und Staat und Partei sowie der Wirtschaft und Bevölkerung neuen Schwung und Zukunftsglauben zu spenden. Gorbatschow ermunterte die Menschen dazu, Missstände in der Partei und in den Betrieben zu benennen. Über den Kurs des Sozialismus sollte diskutiert werden. An die Stelle von leerer Routine und Zynismus sollte ein Idealismus treten, der in den Augen Gorbatschows die junge Sowjetunion gekennzeichnet hatte. Das Ziel Gorbatschows war ein demokratischer Sozialismus.

In diesem idealistischen Schwung und dem Vertrauen auf die Loyalität der Gesellschaft nahm Gorbatschow die Reformen von Staat, Partei und Wirtschaft parallel in Angriff. Es

waren nun offene Gespräche über die Massenverbrechen
Stalins möglich. Die Schicksale und die Zahl der Opfer des
Stalinismus in buchstäblich jeder sowjetischen Familie, die die
Bürgerinitiative Memorial zu dokumentieren half, erschütter-
ten die Menschen. Gigantische Umweltschäden der sowjetischen Modernisierung wie der ausgetrocknete Aralsee konnten thematisiert werden. Die Wahlen zum Obersten Sowjet
der Union ließ Gorbatschow 1989 als partiell freie Wahlen
abhalten. Lediglich ein Quorum von Sitzen war fest für
Mitglieder der KPdSU vorgesehen, die übrigen Sitze standen zur freien Wahl. Konservative Parteimitglieder fürchteten
angesichts solcher Entwicklungen um den Bestand der KPdSU
und der Sowjetunion. Reformfreudigere wie der russische
Parteifunktionär Boris Jelzin hingegen forderten Gorbatschow auf, nicht auf halbem Weg stehen zu bleiben, sondern
Wahlen ganz freizugeben. Die Zukunftserwartungen brachen
sich jedoch nicht allein in solchen politischen Debatten Bahn.
Für das Gros der Menschen waren sie von Alltagsfragen
bestimmt. Gorbatschow hatte sich aus Modellen unterschied-
lichster sowjetischer Wirtschaftspolitiken bedient, um die
Produktivität und Versorgungslage im Land zu verbessern.
Das Gegenteil trat jedoch ein. 1988 und 1989 hatte eine hand-
feste Versorgungskrise die UdSSR im Griff. Vor den Geschäften bildeten sich lange Schlangen, in den Geschäften blieben
immer häufiger die Regale leer. Die Krise der sich selbst als
Staat der Proletarier begreifenden Sowjetunion wurde augen-
fällig in Klagen streikender Bergarbeiter, es fehle an Seife, um
sich nach der Schicht zu waschen.

Gorbatschows Reformwerk der Öffnung war vor diesem
Hintergrund in der KPdSU umstritten. Die chinesischen
Kommunisten hatten einen anderen Weg gewählt. Deng Xiao-
ping hatte den chinesischen Genossen eingeprägt, erst mit
einer Wirtschaftsreform die Armut im Land zu bekämpfen

und ein auskömmliches Lebensniveau der Menschen zu erreichen. Bis dieses Ziel erreicht sei, stelle sich die Frage politischer Reformen nicht. Gorbatschow versuchte, alles gleichzeitig anzugehen, und stellte damit unbeabsichtigt alles aufs
Spiel. Mit seiner Vorstellung eines demokratischen Sozialismus ging er der konservativen Mehrheit in der KPdSU zu
weit. Der sowjetischen Intelligenzija wiederum waren seine
Schritte auf dem Weg zu Liberalisierung und Demokratisierung zu zögerlich.[5] Bündnisgenossen suchte Gorbatschow in
dieser Konstellation unter den Unionsrepubliken der UdSSR.

Doch auch in der Nationalitätenpolitik bewegte Gorbatschow sich auf schwierigem Terrain. Nichts ließ dies deut-
licher werden als die interethnische Gewalt zwischen Aserbajdschanern und Armeniern im Konflikt um Berg-Karabach.
Berg-Karabach war eine armenische Enklave in der Unionsrepublik Aserbajdschan. Stalins Prinzip, die territorial-administrativen Einheiten der Sowjetunion und ihrer Unionsrepubliken nach ethnographischen Kriterien einzuteilen, hatte die
armenische Enklave Berg-Karabach als autonomes Gebiet
(oblast) innerhalb der Unionsrepublik Aserbajdschan eta-
bliert. Gorbatschows Prinzip der Offenheit (Glasnost) führte
dazu, dass in der Sowjetunion alte Nationalitätenfragen neue
Brisanz erhielten. Im Februar 1988 kam es in Berg-Karabach
und in Armenien, vor allem der Hauptstadt Eriwan, zu einer
Reihe von immer größeren Demonstrationen, die forderten,
Berg-Karabach in die Unionsrepublik Armenien einzuglie-
dern. In der aserbajdschanischen Stadt Sumgait folgten darauf
am 28. und 29. Februar 1988 Demonstrationen, die in Gewalt
gegen Armenier ausuferten. Ehe das Militär eingriff, waren 31
tote und unzählige verletzte Armenier zu beklagen. Parallel
zur Eskalation im Südkaukasus bildeten sich im Zeichen von
Glasnost in den baltischen Unionsrepubliken Estland, Lettland und Litauen Bewegungen, die offen den Hitler-Stalin-

Pakt von 1939 und die anschließende sowjetische Besatzung des Baltikums anprangerten. Gorbatschows Reaktion auf diese Entwicklungen waren Appelle, in denen er Gemeinschaftsmetaphern verwandte und zur Ruhe aufrief: Alle seien Teil einer Familie und eines gemeinsamen Hauses, nur gemeinsam lasse sich die Zukunft in Angriff nehmen.[6]

Die Demokratisierung eines imperial geprägten multiethnischen Staates sollte sich als nicht minder große Herausforderung als die Demokratisierung des Staatssozialismus herausstellen.[7] Das armenisch-aserbajdschanische Verhältnis blieb von interethnischer Gewalt begleitet. Als Moskau im April 1989 das Militär gegen Demonstrationen in Georgiens Hauptstadt Tbilisi einsetzte, gab es Todesopfer. In der Sowjetukraine entwickelte sich die Bewegung Ruch zur Unterstützung der Perestrojka zu einer nationalen Bewegung. Im Januar 1991 kam es zu Todesopfern, als sowjetisches Militär in Litauens Hauptstadt Vilnius entsandt worden war, um gegen die dortige Unabhängigkeitsbewegung vorzugehen. Gorbatschow hatte sich zu einer Kritik der stalinschen Nationalitätenpolitik durchgerungen und Völkern, die Stalin deportiert hatte, die Rückkehr in ihre ursprünglichen Gebiete genehmigt, etwa den Krimtataren auf die Krim. Doch an den administrativ-territorialen Grenzen und dem Bestand der Union wollte er nicht rütteln – auch wenn sie auf der stalinschen Fiktion ethnisch homogener Einheiten beruhten, einer Fiktion, die die Migrationen in der Sowjetunion über administrativ-ethnische Grenzen nicht zur Kenntnis nahm.[8]

Das Ausmaß der Nationalitätenfragen in der Sowjetunion dokumentiert die Abfolge von Autonomie-, Souveränitäts- und Unabhängigkeitserklärungen. Am 16. November 1988 erklärte der Oberste Sowjet Estlands die Souveränität der Estnischen Sowjetrepublik und verband dies am gleichen Tag mit der Aufforderung, im Präsidium des Obersten Sowjets der

Sowjetunion die Souveränität Estlands in einem neuen Unionsvertrag zu berücksichtigen.[9] Weitere Unionsrepubliken erklärten ihre Souveränität im Zeitraum vom Mai 1989 bis zum Dezember 1990: Litauen, Lettland, Aserbajdschan, Georgien, die RSFSR (Russland) am 12. Juni 1990, Usbekistan, Moldawien, die Ukraine, Belarus, Turkmenistan, Tadschikistan, Kasachstan und schließlich Kirgisistan.[10] Einige Unionsrepubliken beließen es nicht bei der Erklärung ihrer Souveränität, sondern kündigten auch an, mit dem Unionszentrum in Moskau Gespräche über ihre Unabhängigkeit aufzunehmen oder einen Prozess in Gang zu setzen, an dessen Ende die Unabhängigkeit stehen sollte: Estland am 2. Februar, Lettland am 15. Februar, Litauen am 11. März 1990, Georgien am 20. Juni und Armenien am 23. August 1990.[11]

So wie die Unionsrepubliken sich gegenüber der Union für souverän erklärten, gab es in einzelnen Unionsrepubliken ethnisch bezeichnete territoriale Einheiten, die nun ihrerseits gegenüber den Unionsrepubliken ihre Souveränität ausriefen. In der RSFSR waren dies, verteilt über das Jahr 1990: Nordossetien, Karelien, Komi, Tatarstan, Udmurtien, Jakutien, Burjatien, Baschkirien, Kalmückien, Mari und Tschuwaschien.[12] In der Sowjetrepublik Georgien erklärte sich 1990 das ursprünglich autonome Gebiet Südossetien zur Sowjetrepublik Südossetien, und die autonome Republik Abchasien beanspruchte unter der Bezeichnung Sowjetrepublik Abchasien ebenfalls staatliche Souveränität.[13]

Im November 1990 begann Gorbatschow seine Verhandlungen über einen neuen Unionsvertrag mit den Unionsrepubliken. Am 17. März 1991 ließ er ein unionsweites Referendum abhalten, bei dem die Sowjetbürger zu einer Antwort auf die Frage aufgefordert waren, ob die UdSSR als eine erneuerte Föderation mit gleichen und souveränen Republiken erhalten werden solle. Sechs Republiken nahmen am Referendum nicht

teil: Estland, Lettland, Litauen, Moldawien, Georgien und
Armenien. In den übrigen neun Republiken, im Unterschied
zu den anderen sechs slawisch und muslimisch geprägt, gaben
150 Millionen Menschen ihr Votum ab. 76,4 Prozent von ihnen stimmten für den Erhalt der Union.[14] Gorbatschows Be-
mühungen um die Aushandlung einer neuen Union mit den
sowjetischen Unionsrepubliken resultierten am 23. Juli 1991
im Entwurf eines Vertrages, dem Russland, die Ukraine, Belarus, Aserbajdschan, Kasachstan, Turkmenistan, Kirgisistan,
Tadschikistan und Usbekistan ihre Zustimmung gegeben hatten. Der Vertrag wertete die Kompetenzen der Republiken
auf. Er fasste sie als souveräne Staaten. Die neue Union sollte
Union Sowjetischer Souveräner Staaten (SSSR) anstelle Union
Sowjetischer Sozialistischer Staaten heißen. Die Vertragsunter-
zeichnung war für Ende August 1991 in Moskau anberaumt.[15]

Bis dahin zog Gorbatschow sich zum Sommerurlaub auf
seine Residenz Foros auf der Krim zurück. Dort wurde er
vom Augustputsch überrascht, den der Chef des KGB Wladimir Krjutschkow gemeinsam mit Premierminister Walentin
Pavlov, Innenminister Boris Pugo und dem Vizepräsidenten
Gennadij Janajew in die Wege geleitet hatte. Die Gruppe hatte
kurzerhand den Notstand ausgerufen, Gorbatschow auf der
Krim festgesetzt und versuchte ihn zu überzeugen, sich an die
Spitze des Projektes Notstand zu setzen. Von der Unterzeich-
nung des neuen Unionvertrages befürchteten die Putschisten
ein Ende der herkömmlichen Machtpositionen der KPdSU
und des sowjetischen Staates. Der verwunderten Öffentlichkeit ließen die Putschisten mitteilen, gesundheitliche Probleme Gorbatschows hätten die Verhängung des Notstands
unausweichlich gemacht.[16] Die Putschisten scheiterten an ihrer eigenen Konzeptlosigkeit, dem beherzten Einsatz des neu
gewählten russischen Präsidenten Jelzin gegen den Putsch
und der couragierten Verteidigung des Hauses der russischen

Regierung gegen Militär, das die Putschisten nach Moskau geschickt hatten. Der Putsch implodierte, als Jelzin die Rückkehr Gorbatschows nach Moskau durchsetzte.[17]

Zu den Folgen des Putsches vom August 1991 gehörte, dass Ende des Monats der Oberste Sowjet der Ukraine die Unabhängigkeit des Landes erklärte. Boris Jelzin versuchte nun, so viel Macht wie möglich von der zentralen Ebene der Sowjetunion in die Kompetenzen Russlands zu überführen. Eine von Moskau und Russland angeführte Union war jedoch in Kiew und unter den Ukrainern zu diesem Zeitpunkt nicht mehr vermittelbar. Die Ukraine und Kasachstan waren bereit, sich mit Russland über einen gemeinsamen Markt zu verständigen, mehr jedoch nicht. Während Jelzin die Sowjetunion in immer stärkerem Maß in Frage stellte, am 18. Oktober 1991 die Finanzflüsse Russlands an die Ministerien der Sowjetunion stoppte, um die Überbleibsel des Imperiums zu beseitigen, und für Russland bereits eine Schocktherapie mit der Privatisierung der staatlichen Betriebe und freien Marktpreisen ankündigte, unternahm Gorbatschow letzte vergebliche Versuche, eine Zahl von Unionsrepubliken in einem neuen Projekt beisammenzuhalten. Am 1. Dezember 1991 sprach sich jedoch bei einem neuerlichen Referendum in der Ukraine eine überwältigende Mehrheit für die völlige Unabhängigkeit des Landes aus. Am 8. Dezember 1991 beschlossen die Präsidenten Russlands, der Ukraine und von Belarus – Boris Jelzin, Leonid Krawtschuk und Stanislau Schuschkewitsch – auf ihrem Treffen im belarusischen Belaweschskaja Puschtscha die Auflösung der Sowjetunion. Mit dem kasachischen Präsidenten Nursultan Nasarbajew warben sie dafür, dass die Gemeinschaft Unabhängiger Staaten (GUS) an die Stelle der Sowjetunion treten sollte. Estland, Lettland und Litauen traten der Gemeinschaft Unabhängiger Staaten nicht bei. Am 25. Dezember 1991 legte Gorbatschow das Amt des Präsidenten der

Sowjetunion in einer Fernsehansprache nieder. Der amerikanische Nachrichtensender CNN übertrug live und zeigte anschließend, wie die Sowjetflagge vom Turm im Moskauer Kreml eingeholt wurde. Die Sowjetunion war Geschichte. Ihren 15 Nachfolgestaaten Russland, Belarus, Ukraine, Moldawien, Estland, Lettland, Litauen, Georgien, Armenien, Aserbajdschan, Kasachstan, Turkmenistan, Usbekistan, Tadschikistan und Kirgisistan hinterließ sie ein komplexes imperiales Erbe.[18]

Dieses Erbe warf nicht allein Fragen politischen Handelns auf, sondern ließ sich auch im Alltag der Menschen beobachten. In der Welt der Gefühle und Erinnerungen sprach das Erbe ganz andere Aspekte als die der hohen Politik an. Das Lebensgefühl der letzten sowjetischen Generation, der in den 1960er und 1970er Jahren Geborenen, vereinigte in sich scheinbar Unvereinbares. Es verband eine Einsicht in die Leere der offiziellen Rituale an den staatlichen Feiertagen wie dem Tag der Arbeit am 1. Mai und dem Tag der Großen Oktoberrevolution am 7. November mit einem selbstverständlichen Alltag einer für alle zugänglichen Bildung und Verkehrsinfrastruktur sowie vor allem einer informellen soziokulturellen Sphäre außerhalb der offiziellen sowjetischen Welt, einer Jugend- und Subkultur westlicher und sowjetischer Rockmusik, der eigenen Lieder am Lagerfeuer, der Untergrundliteratur des Samisdat und der Ferien- und Sommererinnerung an sowjetische Urlaubsorte an den Meeren und in den Bergen. Auch wenn der offizielle Staat in den frühen 1980er Jahren mit seinen in die Jahre gekommenen Führern in vielerlei Hinsicht grotesk erscheinen mochte, hatte er mit seiner Infrastruktur, der Lingua franca Russisch und der unionsweiten Gleichheit von Komsomol (dem Jugendverband der KPdSU) und offizieller symbolischer Kultur einen gemeinsamen transnationalen Erfahrungsraum geschaffen.[19]

In den 1990er und frühen 2000er Jahren liefen bei meinen Aufenthalten als Student, Doktorand und Assistent in Nischnij Nowgorod, Moskau und St. Petersburg alle Küchengespräche mit meinen im Russischen *Chosjaiki* (Hausherrin) genannten Zimmervermieterinnen auf ganz spezifische Erinnerungen an die Sowjetunion vor allem der 1970er Jahre hinaus. Sie transportierten nicht das Bild eines expandierenden und militärischen Imperiums, sondern die verklärte Wertschätzung eines funktionierenden Wohlfahrts- und Sozialstaats mit freier Bildung und medizinischer Versorgung, gekrönt von der Selbstverständlichkeit, in einem großen Land Urlaube an der Ostsee und dem Schwarzen Meer, auf der Krim und in den Bergen des Kaukasus zu verbringen. Der imperiale Raum erschien in diesen Erinnerungen nicht als politischer, sondern als sozialer und touristischer Raum. Bahn- und Flugreisen von Leningrad nach Odessa, von Moskau nach Kiew und von Nischnij Nowgorod auf die Krim waren für die letzte sowjetische Generation Inlandsreisen, die sich nach dem 25. Dezember 1991 in Auslandsreisen verwandelten.[20]

Unter der Oberfläche dieser nostalgischen Erinnerungen offenbarten die Küchengespräche jedoch auch Einblicke in konflikthafte Fragen, die das Erbe des Imperiums aufwarf. Das war zuvorderst die Frage, wer im Imperium wem etwas geopfert und wer wem zu welchem Dank verpflichtet sei. Begegnungen mit Polen, Ukrainern und Esten offenbarten mir rasch die Perspektiven nationaler Opfer des Imperiums. Auf einer Konferenz zum 50. Jahrestag des Warschauer Aufstandes in Warschau 1994 berichteten Veteranen der aufständischen polnischen Heimatarmee von ihrer Enttäuschung, dass die Verbände der Roten Armee am östlichen Weichselufer verharrt hatten, während die deutschen Besatzer den Aufstand in der Stadt mit aller Gewalt und hohen Opferzahlen unter den Zivilisten niederschlugen. In allen polnischen

Städten, die ich bereiste, kündeten Gedenkkreuze für die polnischen Offiziere, die der sowjetische NKWD 1940 in Katyń und an anderen Orten in Folge des Hitler-Stalin-Paktes erschossen hatte, von den polnischen Opfern der Sowjetunion, die selbst Gorbatschow erst 1989/90 nach langem Zögern zugegeben hatte. Im Greifswalder Ukrainicum bot man uns Kursteilnehmern eine Führung durch die Bibliothek. Als wir einen Raum mit sowjetukrainischen Büchern, allen voran die Ukrainische Sowjetenzyklopädie, betraten, kommentierte ein ukrainischer Gastdozent aus Lwiw kurz und knapp, diese sowjetischen Erzeugnisse habe man in Lwiw gleich 1991 auf den Müll gefahren, und ging achtlos in den nächsten Raum. An der Universität Kiel lernte ich 2003 Hain Rebas kennen, der in der estnischen Diaspora in Göteborg wohnte und von dort aus pendelnd die Kieler Professur für die Geschichte Nordeuropas ausfüllte. In seinem Büro hing an der Wand ein vergilbter Zeitungsartikel der *Kieler Nachrichten* von 1990, in dem er bereits damals das Ende der Sowjetunion forderte, damit Estland wieder in die Unabhängigkeit entlassen werden könnte, die es nach dem Hitler-Stalin-Pakt 1939 an die Sowjetunion verloren hatte.

In den russischen Küchengesprächen zeigte sich demgegenüber eine gänzlich andere, russische Perspektive. Hier war nicht die Rede davon, welche Nation das Russländische Imperium oder die Sowjetunion wann erobert oder in ihrer Entfaltung gehemmt hatte. Hier war die Rede von den russischen Transferleistungen an Know-how und Geld in die zahlreichen Regionen der Sowjetunion. Aus dieser russischen Sicht bedeutete das Ende der Sowjetunion auch die Befreiung von der Bürde, russisches Geld in den Umverteilungshaushalt der Sowjetunion zu stecken.[21] Von Undankbarkeit für russisch finanzierte sowjetische Bauleistungen war dabei häufiger die Rede, wenn es um den Kaukasus und Zentralasien ging.

In den angesprochenen Regionen mochte dies den politischen Eliten der neuen Staaten als sowjetischer Kolonialismus erscheinen. Doch auch dort finden sich Menschen, die die russische Perspektive teilen. In ihrem Reisebericht über die fünf zentralasiatischen Staaten berichtet die norwegische Journalistin Erika Fatland von ihrer Begegnung mit einem Ornithologen in Kasachstan. Der Ornithologe stammt aus der Ukraine, bezeichnet sich jedoch als Russen und blickt wehmütig auf die sowjetischen Aufbauleistungen zurück: «Der Zusammenbruch der Sowjetunion war eine Tragödie. [...] Für uns ist die *Gemeinschaft* wichtig. Das *Ich* kommt erst an zweiter Stelle, niemals zuerst. Für uns, die wir in der Sowjetunion aufgewachsen sind, gibt es mehr Dinge, die uns vereinen, als Dinge, die uns trennen.» Auf die Entwicklung Kasachstans seit 1991 angesprochen, erwidert der Ornithologe: «Welche Entwicklung? Nichts ist passiert. Wir arbeiten noch immer in sowjetischen Fabriken, und die Chinesen bauen Straßen. Unser Öl verkaufen wir, bald gibt es keines mehr. Und das Traurigste überhaupt ist, dass wir keine Wissenschaftler mehr haben.»[22]

Der ukrainische Ornithologe in Kasachstan, der sich selbst als Russe bezeichnet, verweist auf eine weitere Dimension des Erbes: die Demographien, die die staatlich angeleitete Migration in der Sowjetunion hervorgebracht hat. Mit dem Ende der Sowjetunion fanden sich an der Jahreswende von 1991 auf 1992 25 Millionen Russen außerhalb der Grenzen Russlands in ehemaligen Unionsrepubliken der Sowjetunion wieder, 9,5 Millionen davon in Zentralasien. Fast acht Millionen von ihnen kehrten bis 2003 in die Russländische Föderation zurück, davon allein etwa die Hälfte aus den fünf zentralasiatischen Staaten.[23] In den Nachfolgestaaten der Sowjetunion trafen Russen auf unterschiedliche postimperiale Staatsbürgerschaftspolitiken und Praktiken von Inklusion und Exklusion. Estland, in dem ein Viertel der Bevölkerung Russen sind, hat die Erlangung der estnischen Staatsbürgerschaft an einen umfassenden Test gebunden, der gute Estnischkenntnisse verlangt. Viele Russen haben den Test nicht abgelegt und leben als Staatenlose in Estland. Einige wissen diesen Status sehr zu schätzen, erlaubt er doch visafreies Reisen in der EU und Russland. Litauen hingegen hat unmittelbar nach dem Ende der Sowjetunion allen Menschen auf litauischem Territorium einen Pass mit der litauischen Staatsbürgerschaft ausgehändigt, so dass unter dem Dach der litauischen Staatsbürgerschaft ein sprachlicher Pluralismus existiert.[24]

In der internationalen Politik hat Russland von der Sowjetunion ein Arsenal an Atomwaffen und einen ständigen Sitz im UN-Sicherheitsrat mit Vetorecht geerbt – ein starkes Entscheidungsrecht in den internationalen Beziehungen. Es hat die ökologischen Hinterlassenschaften der Sowjetunion geerbt: eine schlecht gewartete Atomflotte in den Häfen des Nordmeeres; Fabrikanlagen, um deren sichere Schadstoffentsorgung sich niemand Gedanken gemacht hat. Zum Erbe des Imperiums gehörte die Aufgabe, eine ganze Volkswirtschaft umzustellen: von einer Planwirtschaft, deren Rohstoffgewinnung, Produktionsabläufe und Handelsströme auf der Arbeitsteilung innerhalb der Sowjetunion und unter den Mitgliedstaaten des Rates für Gegenseitige Wirtschaftshilfe beruht hatten, zu einer Privatwirtschaft, die ihren Platz in der Weltwirtschaft neu finden muss. Mit dem Ende des Kommunismus als Staatsideologie erbte Russland die Frage, welche Ideen und Werte dem Land künftig Zusammenhalt und Orientierung bieten würden. Zum Erbe der Sowjetunion gehört die bereits 1991 gegründete Gemeinschaft Unabhängiger Staaten, der mit Ausnahme Estlands, Lettlands und Litauens zunächst alle ehemaligen Sowjetrepubliken angehörten. Die GUS war die institutionalisierte Frage, wie Russland sein Verhältnis zu den ehemaligen Sowjetrepubliken gestalten sollte. Das imperiale Erbe war kurzum kaum überschaubar: Politik, Wirtschaft, Kultur – sie alle schienen imprägniert von der sowjetischen Fortsetzung des einstmals zarischen Imperiums.

V. Die Erben: Russlands Umgang mit dem imperialen Erbe

Das Ende der Sowjetunion liegt ein Vierteljahrhundert zurück. Seitdem ist Russland von Wandel und tiefen Umbrüchen, aber auch Kontinuitäten gekennzeichnet. Nachdem Boris Jelzins beherzter Beitrag zum Ende des Putsches gegen Gorbatschow im August 1991 große Hoffnungen auf ein demokratisches Russland geweckt hatte, wurden sie in der ersten Hälfte der 1990er Jahre bereits enttäuscht. Im Verfassungskonflikt mit dem Parlament Russlands, das noch aus den Wahlen zum Obersten Sowjet der RSFSR hervorgegangen war, setzte Jelzin 1993 Panzer ein, um seine Präsidialverfassung in der Russländischen Föderation durchzusetzen. Angesichts dramatisch schlechter Umfragewerte vor der Präsidentenwahl von 1996 ließ Jelzin die neuen Oligarchen eine groß angelegte Medienkampagne für ihn in ihren Fernsehsendern finanzieren, die das Ruder noch einmal herumriss und Jelzin eine weitere Amtszeit im Kreml einbrachte. Seinen Abschied von der Macht vollzog Jelzin als geordnete Übergabe des Staffelstabs an seinen jungen Ministerpräsidenten Putin. Während Jelzin die föderale Organisation Russlands mit ihren ursprünglich 93 Föderationssubjekten in bilateralen Verhandlungen zwischen Moskau und den Regionen ausgehandelt hatte, setzte Putin in seinen ersten beiden Präsidentschaften auf eine Stärkung der Zentralgewalt, eine Machtvertikale, die alle Regionen dem Moskauer Zugriff unterwarf. Mit Beginn seiner dritten Präsidentschaft 2012 zog er die Daumenschrauben autoritärer Herrschaft an, indem er die Spielräume für Medien, Opposition, Demonstrationen und Wahlen erheblich einschränkte. Wahlen finden statt, folgen jedoch einer vorab entworfenen Dramaturgie.[1]

Jelzin und Putin verbindet eine Gemeinsamkeit, die sie von Gorbatschow unterscheidet. Zwar hat auch Gorbatschow das Militär in Georgien und in Litauen eingesetzt. Doch angesichts erster ziviler Opfer zog er es anschließend jeweils wieder zurück. Jelzin und Putin waren und sind rücksichtsloser im Einsatz des Militärs im Inneren gewesen – sei es 1993 gegen das russische Parlament oder in Tschetschenien. Demgegenüber verbindet Gorbatschow und Jelzin ein dialogischer Umgang mit den Regionen, während Putin die Regionen im Lauf seiner Herrschaft rigoros dem Zentrum unterstellt hat.

Das postsowjetische Vierteljahrhundert Russlands lässt sich in vier Phasen unterteilen. (1) 1991/92 war Russland nachvollziehbarerweise so mit sich selbst beschäftigt, dass die Beziehungen zu den übrigen ehemaligen Sowjetrepubliken konzeptionslos blieben und der Rahmen der GUS auch keinen weiteren Handlungsbedarf aufzuwerfen schien. (2) Im Zeitraum von 1993 bis 1999 betrachtete die politische Elite Russlands die übrigen 14 neu entstandenen Staaten als eine Sphäre russischer Interessen, die im Russischen den Namen «Nahes Ausland» erhielt. Russland ignorierte dabei zusehends den Rahmen der GUS und agierte von Fall zu Fall bilateral mit den Nachfolgestaaten der Sowjetunion. In der internationalen Politik beanspruchte Russland vor allem in den späten 1990er Jahren, wieder als Großmacht (*velikaja derschawa*) respektiert zu werden. (3) Von 2000 bis 2007 insistierte Putin auf dem Nahen Ausland als russischer Interessensphäre, kritisierte die Aufnahme Polens, Tschechiens und Ungarns (1999) sowie Bulgariens, Estlands, Lettlands, Litauens, Rumäniens, der Slowakei und Sloweniens (2004) in die NATO und errichtete in der Russländischen Föderation seine sogenannte Machtvertikale, die den ursprünglich demokratischen Institutionen wie Parteien, dem Parlament (Duma) und den Gouverneuren ihre Plätze in einer scheindemokratischen autoritären Herrschaft

zuwies. (4) Mit Putins Rede auf der Münchner Sicherheitskonferenz 2007 begann eine neue Phase, die darauf abzielt,
Russlands Position als Großmacht in einer multipolaren Welt
abzusichern. Diese Phase hat seit der Annexion der Krim 2014
eine deutliche Verschärfung erfahren. Die Abgrenzung vom
Westen, der USA und der EU sind politische Ziele, und der
Konflikt mit ihnen wird hinter einer Rhetorik der Partnerschaft kaschiert.[2]

Es greift dabei zu kurz, Russland in Gestalt seines Präsidenten Putin verstehen zu wollen. Putins Biographie ist auf-
schlussreich zum Verständnis seiner Person und einer Reihe
seiner Handlungen, liefert jedoch nicht den Schlüssel zu einem umfänglichen Verständnis von Politik, Wirtschaft und
Gesellschaft Russlands. Als friedliche Demonstranten im
Herbst 1989 in Berlin, Leipzig und Dresden das Ende der
SED-Herrschaft herbeiführten, versah Putin seinen Dienst als
KGB-Offizier in Dresden. Geheimdienstliche Schulung und
der Verlust des sowjetischen Imperiums in Ostdeutschland
und Ostmitteleuropa zählen zu den grundlegenden Prägun-
gen Putins. Seit 1991 war Putin in einer führenden Position
der Stadtverwaltung von St. Petersburg unter dem Bürger-
meister Anatolij Sobtschak beschäftigt. In Putins Verantwor-
tungsbereich lag der Außenhandel von St. Petersburg. In diese
Zeit fällt Putins Erwerb eines immensen Vermögens, das aus
Unterschlagungen aus dem Petersburger Außenhandel und
diversen Immobiliengeschäften der Kooperative Osero her-
vorging. Dabei und auch während seiner Zeit als Direktor des
Inlandsgeheimdienstes FSB 1998/99 entstand ein Kreis von
Vertrauten und Eingeweihten um Putin herum, der ihn bis
heute begleitet und im Lauf der Zeit größer geworden ist.[3]
Der Aufstieg zum Ministerpräsidenten 1999 und die Wahl
zum Präsidenten 2000 brachten mit Putin alte Vertraute aus
dem Sicherheitsapparat an die Macht. Putins Herrschaft be-

ruht bis heute auf der Versorgung von Vertrauten, der Koop-
tation neuer Personen in den engeren Herrschaftskreis sowie
der daraus erwachsenden Moderatorenrolle in Russlands Elite
von Politikern, Bürokraten, Militärs und Oligarchen. Die
Moderationsaufgaben Putins beziehen sich sowohl auf Personen und Gruppen als auch auf ideologisch-politische Orientierungen. Vorstellungen des wirtschaftlichen Liberalismus,
staatlicher Sicherheitsdienste (die Gruppe der *silowiki* aus
den Geheimdienst-, Polizei- und Militärapparaten), Neotra-
ditionalisten mit nationalen, imperialen, sowjetischen und eurasischen Konzeptionen, konservierende und mobilisierende
Agenden ringen um die Aufmerksamkeit des Präsidenten.
Alle Gruppen eint der außenpolitische Konsens, dass Russland als eine große Macht zu gelten habe. Im Übrigen bewe-
gen sie sich in dem Rahmen, den Putin ihnen gewährt.[4] Dabei
ist der Kreis um Putin von einer gewissen Mobilität gekennzeichnet. Manche erreichen im Orbit der Macht eine nähere
Stellung zum Herrscher als andere. Die Rollenneuverteilun-
gen in Putins Team hängen auch mit unterschiedlichen Inszenierungen und Leitmotiven seiner einzelnen Amtszeiten
zusammen. Der russische Journalist Michail Sygar hat in seinem *All the Kremlin's Men* betitelten Buch eine Charakte-
ristik der Amtszeiten Putins in biographischen Skizzen seiner
Weggefährten entwickelt. In seiner ersten Amtszeit als Präsident mühte Putin sich als Putin Löwenherz um die Ordnung der aus den 1990er Jahren herrührenden Unsicherheit
und Unübersichtlichkeit. In seiner zweiten Präsidentschaft
2004 bis 2008 unterwarf Putin das politische System als Putin
der Herrliche seinem Zentralismus. Während der Präsidentschaft Medwedjews 2008 bis 2012 wirkte er in Gestalt eines
Pseudoputin aus dem Hintergrund als Ministerpräsident. Die
dritte Präsidentschaft von 2012 bis 2018 zeigte den Präsidenten als Putin den Schrecklichen, der einen unnachgiebigen

Kampf gegen vermeintliche innere und äußere Feinde Russlands führt.[5]

Putins Amtszeiten und ihre symbolischen Inszenierungen schreiben eine lange Geschichte der Herrschaftsrepräsentation im Zarenreich und der Sowjetunion fort. Diese Geschichte begann mit der Erhebung des Moskauer Großfürsten zum Zaren als einzigem orthodoxen Herrscher auf Erden, die 1547 in einer ausführlich choreographierten Zeremonie in der Mariä-Entschlafens-Kathedrale im Moskauer Kreml stattfand.[6] Sie fand ihre Fortsetzung im kaiserlichen Petersburger Russland des 18. und 19. Jahrhunderts, in dem jeder neue Zar und jede neue Zarin in höfischen Ritualen, Denkmälern, Architekturen und Schriften das Szenario und Selbstverständnis der eigenen Herrschaft entwickelte. Es richtete sich zunächst an die höfische und politische Elite, später im 19. Jahrhundert auch an die gesamte Untertanenschaft.[7] In der Sowjetunion fand die Herrschaftsrepräsentation ihre ausgeprägteste Form im Stalinkult.[8] Solche Inszenierungen sind auch im Fall Putins nicht allein als willkürliches Aufzwingen eines bestimmten Bildes zu lesen. Sie greifen durchaus Erwartungshaltungen der politischen Elite und Wünsche und Stimmungen der Bevölkerung auf.

Daraus folgt die Frage, wie nach 1991 die Menschen in Russland den Stellenwert des imperialen Erbes beziffert haben. Soziologische Meinungsumfragen ergeben eher unklare Aufschlüsse. Dmitrij Trenin hat 2011 aus den Umfragen der 1990er Jahre und der Nullerjahre eine Abnahme der Imperiumsnostalgiker in Russland von 25 Prozent auf ca. 15 Prozent der Bevölkerung herausgelesen.[9] Demgegenüber zitiert Ulrich Schmid Meinungsumfragen aus den Jahren 2000 und 2008, aus denen ein Zuwachs imperialer Sehnsucht hervorgehe. Auf die Frage «Möchten Sie lieber in einem großen Land leben, das von anderen Staaten respektiert und gefürchtet wird, oder lieber in einem kleinen, harmlosen Land, in dem Wohlstand herrscht?» wählten 2000 63 Prozent und 2008 78 Prozent die erste Option.[10] Hier zeigt sich die problematische, suggestive Wirkung von Fragestellungen bei Meinungserhebungen. Bei einer Umfrage in Russland, das in Europa und Asien liegt und vom Nordmeer bis zum Kaukasus reicht, eine Antwortmöglichkeit in die Formulierung «kleines Land» zu kleiden, lässt Menschen, die sich nachvollziehbarerweise die territoriale Unversehrtheit Russlands wünschen, kaum eine andere Wahl, als bei dieser Frage die erste Option zu wählen. Die unterschiedlichen Umfragewerte, die Trenin und Schmid zitieren, weisen auch auf den zeitlichen Wandel von Meinungsbildern und damit auf ihre Formbarkeit und Situationsabhängigkeit hin. Wir müssen unseren Blick somit auf kulturelle Deutungsangebote, auf Räume unterschiedlicher Größe und bestimmte politische Situationen richten.

Die gegenwärtige staatliche Beherrschung und Zensur des Fernsehens als nach wie vor breitenwirksamsten Medium in Russland und die hyperpatriotischen Ausführungen, die etwa der Moderator Wladimir Solowjow im Ersten Kanal des Staatsfernsehens darbietet, sollten nicht darüber hinwegtäuschen, dass in den letzten zwanzig Jahren Fernsehjournalisten, Schriftsteller, Publizisten und politische Aktivisten der Öffentlichkeit in Russland sehr unterschiedliche Auffassungen vom Imperium und seinem Erbe angeboten haben.

Der Fernsehjournalist Leonid Parfjonow erstellte in den frühen Nullerjahren die Dokumentation *Das russische Imperium* und kleidete seine Auffassung vom imperialen Erbe Russlands in die Sätze: «Mit der Feststellung, dass das russische Imperium dreihundert Jahre nach seiner Gründung lebt, sind sowohl seine Befürworter als auch seine Gegner einverstanden. Für die einen ist das russische Imperium die Antwort auf die erste verfluchte russische Frage: Was tun?, für die anderen ist das Imperium die Antwort auf die zweite verfluchte russische Frage: Wer ist schuld?»[11] Ende des Jahres 2014 äußerte er sich deutlich skeptischer: «Das imperiale Modell übersteigt unsere Kräfte und unsere finanziellen Möglichkeiten. Überhaupt führt es in den Untergang. Wo sind denn die Vasallen dieses Imperiums? Abchasien, Südossetien und Transnistrien? Das ist eine schöne imperiale Größe! Das ist eine suizidale Idee, und nicht nur wird daraus nichts werden, sondern es ist schon nichts daraus geworden.»[12] Im Kontrast zu dieser Imperiumskritik hatte der Regisseur Wladimir Chotinjenko 2005 die mehrteilige Fernsehserie *Der Untergang des Imperiums* für den Ersten Kanal aufgelegt. Sie stellt das Ende des zarischen Imperiums im Ersten Weltkrieg dar und formuliert die Aufforderung, nach den schwierigen 1990er Jahren in Russland wieder an die Größe des 1917 verlorenen Imperiums anzuknüpfen.[13]

Russische Schriftsteller haben in dem Vierteljahrhundert nach dem Ende der Sowjetunion in ihren Werken ebenfalls sehr unterschiedliche Konzeptionen des Imperiums formuliert, die eine enorme Bandbreite von Imperiumskritik und -affirmation in der Belletristik Russlands zeigen. Andrej Bitow sieht im Imperium sein literarisches Lebensthema, das er jedoch in der Sowjetunion noch nicht offen adressieren konnte. Im Rückblick berichtet er 2012: «Ich erinnere mich an das Jahr 1976. Damals erreichte ich das Maximum dessen, was überhaupt im sowjetischen Literaturbetrieb möglich war. Ich veröffentlichte den Sammelband *Sieben Reisen*. Ursprünglich war als Titel geplant gewesen: *Sieben Reisen durch das Imperium*. Aber diese Vokabel wurde damals noch zensiert.» Das zentrale Thema der Texte Bitows ist die Vielfalt der Menschen und Kulturen, die in einem großen Staat durch ein einigendes, kulturelles Band verbunden sind. Ronald Reagans Diktum vom «Imperium des Bösen» wollte Bitow 1998 in seinem

Fernsehprojekt das «Imperium des Guten» entgegensetzen als eine Reise, die die faszinierende kulturelle Vielfalt Russlands abbilden sollte. Die Rubelkrise von 1998 entzog dem Projekt die nötigen Ressourcen, so dass es nicht realisiert werden konnte.[14]

Alexander Prochanow, der Kopf der nationalistischen Zeitschrift *Der kommende Tag* (*Zavtra*), hat stets das Imperium in den Mittelpunkt seiner Analysen und Zukunftsentwürfe gestellt und seine Positionen im dem Band *Die Symphonie des Fünften Imperiums* gebündelt. In diese Symphonie bezieht Prochanow gleichermaßen das Erbe des zarischen und des sowjetischen Imperiums ein. Die Zählung von fünf Imperien ergibt sich aus der Abfolge der mittelalterlichen Kiewer Rus, des Moskauer Fürstentums, Russlands zur Zeit der Romanows (1613–1917), der Sowjetunion und des gegenwärtigen und künftigen Russland als fünftem Imperium. In ihm sieht Prochanow eine Größe, die sich auf das Militär, transkontinentale Verbindungen zwischen Amerika, Europa und Asien sowie auf reiche Trinkwasservorkommen als wichtigste Ressource des 21. Jahrhunderts stützt. Die geopolitische Weltgeltung dieses fünften Imperiums erscheint Prochanow als ein wichtiges Merkmal.[15]

Noch weiter reichen Michail Leontjews und Michail Jurjews Vorstellungen davon, welche Position Russland als Imperium in der Welt des 21. Jahrhunderts einnehmen sollte. 2005 gaben sie den Band *Festung Russland. Abschied vom Liberalismus* heraus. Der Titel ist Programm. Leontjew schreibt in seinem Beitrag: «Russland hat immer als Imperium existiert. Und es kann nur als Imperium existieren, oder, falls jemandem dieses Wort nicht gefällt, als ‹Staat und Zivilisation›. Als Imperium im modernen Sinn, das heißt nicht vom Standpunkt der Organisation der Macht oder der Form der äußeren Expansion. Als Imperium, in dem Imperialität die Harmonisierung aller integralen Teile und Kulturen bezeichnet, eine gewisse Synthese, in der die Russen das Imperium bildende Volk sind, das ohne die übrigen Völker, die diese Zivilisation bilden und erfüllen, nicht existieren kann.» Atomwaffen, einen starken Präsidenten, Marktwirtschaft, Rohstoffe, finanzielle Ressourcen, eine geopolitische Hegemonie Russlands und psychische Gesundheit veranschlagt Leontjew als sieben Stützen seiner imperialen Zukunftsvision.[16]

Michail Jurjew hat in seinem Roman *Das dritte Imperium. Russland, wie es sein soll* von 2006 die fiktiven Ausführungen einer brasilianischen Soziologin über Russland im Jahr 2053 niedergeschrieben. Der Roman beginnt mit der Imagination des Jahres 2007 als großem Wendepunkt. In Lwiw bereiten Ukrainer den Beitritt der Ukraine in die NATO vor, woraufhin sich Volksregierungen in der Ukraine, Belarus und Kasachstan bilden und um eine militärische Intervention Russlands bitten. Russland interveniert, Lwiw wird vernichtet. Im Folgenden kommt es zu Terroranschlägen zunächst der USA auf russische Städte, die Russland mit Gegenschlägen in Chicago und Ohio beantwortet. 2014 verlässt Russland alle internationalen Organisationen und kündigt alle Verträge, die es geschlossen hat. Auf einen russischen Atomschlag in unbesiedelten Regionen Neumexikos, Texas und Montanas können die USA nicht reagieren, da Russland von einem neuen Schutzschirm abgesichert ist. Russland erobert sodann Europa. Den Staatsdienst im derart erweiterten Russland versehen allein orthodoxe Russen. Die russische Regierung führt wieder eine Ständeordnung ein und löst das Parlament auf.[17] Wladimir Sorokin hat dieser Vision Jurjews zwei literarische Parodien entgegengestellt: *Der Tag des Opritschniks* von 2006 und *Der Zuckerkreml* von 2008. In ihnen schildert Sorokin, wie Russland durch eine große Mauer von Westeuropa abgetrennt ist und in Moskau die Tage dahingehen, indem eine Sonderpolizei, die Opritschniki – eine Truppe aus der Zeit Iwans IV. des Schrecklichen aus dem 16. Jahrhundert –, unbotmäßige Mitglieder der Elite liquidiert, während die übrige Bevölkerung ein eher bescheidenes Leben lebt.[18]

Das politische Spektrum der Literatur schließen an den äußeren Rändern Eduard Limonow und Sachar Prilepin ab. Limonow inszenierte seine Biographie als Kontrapunkt zu der seines Vaters, der als Täter im Stalinismus Ruhe in der Eintönigkeit seines Lebens in der Breschnjew-Zeit fand. Limonow zog es 1967 in die Szene der Moskauer Subkultur, von wo aus er nach New York emigrierte, dort literarische und autobiographische Texte schrieb und von Sozialhilfe lebte. Der Epochenbruch von 1989/91 führte Limonow zurück nach Europa. In Russland gründete er die Nationalbolschewistische Partei. Die ideologische Vermählung von Nationalsozialismus und Kommunismus kommt in der Fahne der Partei zum Ausdruck, die wie das Banner der NSDAP auf rotem Grund einen weißen Kreis zeigt, in dessen Mitte sich jedoch anstelle des Hakenkreuzes Hammer und Sichel befinden. Im Parteiprogramm von 1994 heißt es: «Das globale Ziel des Nationalbolschewismus besteht in der Errichtung eines Imperiums von Wladiwostok bis Gibraltar auf der Grundlage der russischen Zivilisation. Die erste Etappe dieses Ziels wird durch die Verwandlung der Russischen Föderation in einen russischen Nationalstaat durch eine Russische Revolution erreicht. Die zweite Etappe ist die Annektierung der von Russen besiedelten ehemaligen Sowjetrepubliken. Die dritte Etappe – das Einbeziehen der eurasischen Völker der ehemaligen Sowjetunion. Die vierte – die Errichtung eines gigantischen kontinentalen Imperiums. Die Losung der Nationalbolschewistischen Partei lautet: ‹Russland ist alles, alles andere – nichts!›» Die Kriege und Konflikte in Jugoslawien, Abchasien und Transnistrien nahm Limonow als willkommenen Anlass wahr, selber die Waffe in die Hand zu nehmen und zu kämpfen und seine Gewaltpraktiken anschließend offen zu schildern.[19] Seinen aktivsten Nachahmer fand Limonow in Sachar Prilepin, der in seiner Biographie gleichfalls die Figuren des Kämpfers und Schriftstellers vereint. Er nahm am Krieg in Tschetschenien teil und wurde nicht müde, die russische Regierung als Okkupationsmacht in Russland zu beschreiben. In seinem zweiten Roman *Sankja* aus dem Jahr 2006 schildert er, wie die titelgebende Romanfigur an einem rechten, patriotischen Aufstand gegen die Regierung in Moskau teilnimmt.[20]

Eine über Russland hinausgreifende Bedeutung russischer Zivilisation betonen Erzählungen und Konzepte der sogenannten russischen Welt und Eurasiens. Der Begriff russische Welt (*russkij mir*) transportiert die Vorstellung einer sprachlichen, kulturellen und religiösen russischen Verbundenheit über die Grenzen von Staaten hinweg. Er spricht weder allein ethnische Russen noch Staatsbürger Russlands an. Russen in und außerhalb Russlands, allen, die Russisch sprechen und sich mit der Geschichte Russlands und seiner Kultur identifizieren, möchte der Begriff ein Identifikationsangebot unterbreiten. Bereits 2006 rief Putin in St. Petersburg auf einem Treffen mit Vertretern der Kultur dazu auf, den Begriff zu verwenden: «Und die russische Welt kann und muss all diejenigen vereinen, denen das russische Wort und die russische Kultur am Herzen liegen, unabhängig davon, wo sie leben, in Russland oder außerhalb seiner Grenzen, und unabhängig davon, welcher ethnischen Gruppe sie angehören. Benutzt den Ausdruck *russkij mir* möglichst oft!»[21] 2007 rief Putin per Erlass die Stiftung *Russkij mir* (*fond russkij mir*) ins Leben, die vor allem in den ehemaligen Sowjetrepubliken die russische Sprache lebendig halten soll.[22] Die Stiftung lässt sich einerseits als eine russische postimperiale Adaption vergleichbar der französischen Francophonie und dem British Council begrei-

fen. Andererseits hat sich rasch die orthodoxe Kirche in das
Projekt eingebracht. 2009 sprach der Patriarch Kirill auf der
dritten Versammlung der Stiftung, auf der er Russland, die
Ukraine und Belarus als Kern und den orthodoxen Glauben
als Fundament der russischen Welt bezeichnete. Die orthodoxe Aneignung von Idee und Stiftung der russischen Welt
kommt auch in der zu einem Zentrum der Stiftung gehören-
den repräsentativen orthodoxen Kathedrale in Paris unweit
des Eiffelturms zum Ausdruck.[23]

Die Betonung russischer kultureller Eigenheit in Abgrenzung vom Westen und Europa hat die Idee der russischen
Welt mit dem Konzept Eurasiens gemeinsam. Bereits im frühen 20. Jahrhundert lag dem Eurasienkonzept die Prämisse
zugrunde, dass Russen mehr Gemeinsamkeiten mit den Turk-
völkern Zentralasiens als mit Europäern aufwiesen. Während
die Eurasierbewegung des frühen 20. Jahrhunderts Kritik an
einem normsetzenden Eurozentrismus übte und eine spezi-
fisch russisch-asiatische kulturelle Eigenheit im Unterschied
zu Europa postulierte, ist die Renaissance Eurasiens in Russland im späten 20. und vor allem frühen 21. Jahrhundert viel
stärker antagonistisch und konfrontativ aufgeladen. Ihr be-
kanntester und schillerndster Repräsentant, Alexander Dugin,
veranschlagt nicht allein Homosexualität und ein Bekenntnis
zu Vielfalt als Vorboten eines sicheren Niedergangs Europas
und des Westens. Er hält überdies einen Konflikt zwischen
Eurasien und dem Westen für unausweichlich und schwört
sein Publikum auf traditionelle Werte, Gott, die Kirche, das
Imperium und den Staat als Rüstzeug für die vermeintlich
kommende Auseinandersetzung ein.[24]

In diesem Panorama literarischer, publizistischer und politischer Vorstellungen des Imperiums scheinen bekannte Motive aus der jahrhundertelangen Geschichte des Zarenreiches
und der Sowjetunion auf. Katharina II. die Große (regierte

1762–1796) hat auf ihren Reisen in verschiedenen Regionen
Russlands und auf der 1783 annektierten Krim die Vielfalt des
Reiches betrachtet und inszeniert.[25] Alexander II. (regierte
1855–1881) ließ bei seinen Krönungsfeierlichkeiten in Moskau farbenfrohe Abordnungen aus allen Teilen des Reiches
paradieren, die den Stolz auf die Größe und Vielfalt des Imperiums zum Ausdruck brachten.[26] Die Vielfalt des Reiches war
nicht alleine eine Projektion des Herrscherstolzes. Im späten
19. Jahrhundert etablierte sich in Russland, von der Moskauer
Universität ausgehend, eine physische Anthropologie, die die
Vielfalt der äußerlichen Erscheinungen der Menschen auf den
Austausch unter den einzelnen Gruppen im Imperium zu-
rückführte.[27] Dem standen wiederum Konzepte gegenüber,
die sich im späten 19. Jahrhundert die Zukunft des Imperiums
allein als eine zunehmende und im Idealfall völlige Aneignung
und Durchdringung des Reiches durch seinen Kern, die
russische Nation, ausmalten.[28] Auch die kulturelle Nähe zu
Asien haben im Zarenreich des 19. Jahrhunderts zunächst Rei-
sende und dann Wissenschaftler thematisiert, bevor um 1900
das russische Asienbild sich ausdifferenzierte in Vorläufer eu-
rasischer Verbundenheitsvorstellungen, russische Dominanz-
phantasien und ebenso große Ängste vor einer Überwältigung
durch die vermeintliche gelbe Gefahr.[29] Die Sowjetunion griff
mit der Rhetorik von Völkerfreundschaft und internationaler
Solidarität sowie ihrer administrativen Territorialisierung von
Ethnizität und Nationalität die Vielfalt des Imperiums auf.
Die tragende Rolle der Russen im sowjetisch gewandelten Imperium brachte dann wiederum Stalin mit seinem Toast auf
das russische Volk anlässlich des Sieges über Hitler-Deutsch-
land 1945 zum Ausdruck.[30]

So wie die Geschichte des Zarenreiches und der Sowjetunion in jüngeren russischen Imperiumsvorstellungen präsent
ist, hat auch die Geschichts- und Politikwissenschaft in Russ-

land ihren Beitrag zu einer Auseinandersetzung mit dem imperialen Erbe geleistet. Auf der erhellenden Grenze zwischen politischem Erfahrungsbericht und wissenschaftlicher Analyse ist das Buch Jegor Gajdars *Der Tod des Imperiums (gibel' imperii)* angesiedelt, das 2006 in deutscher Übersetzung als *Der Untergang eines Imperiums* erschien. Jegor Gajdar nahm 1992 den sicherlich unbequemsten Job in ganz Russland auf sich. Nachdem der Kommunismus beendet war und das Land sich in einer ausgewachsenen wirtschaftlichen Krise befand, betraute Boris Jelzin Gajdar mit der Wirtschaftspolitik eines unmittelbaren Übergangs von der Plan- zur Marktwirtschaft, von staatlicher Planung zu vollkommener Privatisierung und Preisfreigabe. Obwohl Gajdar sein Möglichstes tat, ist sein Name in russischen Augen mit einer Talfahrt der russischen Wirtschaft in den 1990er Jahren verbunden. Im *Untergang eines Imperiums* analysiert Gajdar eindringlich, welche wirtschaftliche Ausgangssituation er vom Kommunismus geerbt hatte, welche ökonomischen Faktoren das Ende der Sowjetunion beförderten und was Russland daraus lernen könnte. Gajdar arbeitet heraus, in welch starkem Maß bereits ab den 1960er Jahren der sowjetische Staatshaushalt von Rohstoff-, vor allem Ölexporten, abhing und damit der Entwicklung der Rohstoffpreise auf dem Weltmarkt ausgeliefert war. Der Ölpreisverfall Mitte der 1980er Jahre hatte einen ganz wesentlichen Anteil an der Versorgungskrise in der Sowjetunion der letzten Gorbatschow-Jahre. Erschwerend kam hinzu, dass die sowjetische Führung keine ökonomisch schlüssige Antwort auf diese Situation fand. Gajdar begriff trotz aller Zumutungen in den 1990er Jahren – Preissteigerungen und Inflation, eine sich öffnende Schere von Arm und Reich – seine wirtschaftspolitische Schocktherapie als eine nötige Lehre aus der sowjetischen Erfahrung. Allein in der Herstellung privat- und marktwirtschaftlicher Rahmenbedingungen sah Gajdar die

Voraussetzung für eine Diversifizierung der russischen Wirtschaft und damit einen Ausweg aus der Abhängigkeit von Rohstoffexporten und Weltmarktpreisen. Da der Export von Gas und Öl aus Putins Russland in den frühen Nullerjahren der wesentliche Treiber der Staatseinnahmen und des Wohlstandszuwachses in Russland war, besaß Gajdars Buch nicht allein historische Aufklärungskraft, sondern auch Brisanz in seiner Kritik an der Einseitigkeit der russischen Wirtschaftsentwicklung in dieser Zeit.[31]

Der Historiker Alexej Miller hat 2008 Beiträge aus Geschichtsschreibung und Sozialwissenschaft in einem Band versammelt, die den Zusammenhang zwischen imperialen Vergangenheiten und der Zukunft Russlands thematisch weit gefächert und mit vergleichenden Blicken auf andere postimperiale Szenarien des 20. Jahrhunderts analysieren.[32] Alle Texte eint ein vier Punkte umfassender Konsens: erstens ein weit gefasster Imperiumsbegriff, der das Zarenreich und die Sowjetunion als Imperien unterschiedlichen Typs begreift; zweitens ein Imperativ der Differenzierung des imperialen Erbes in Überreste einer fortdauernden Vergangenheit, gefährliche Erblasten und Ressourcen, die sich eventuell für die Zukunft Russlands nutzen lassen; drittens ein Bekenntnis zum territorialen Status quo der Russländischen Föderation und viertens ein Imperativ von Demokratisierung, Zivilgesellschaftlichkeit, ökonomischem Wachstum und Wohlstandsgewinn.

Drei große Themenfelder kennzeichnen die Diskussionen in diesem Band Millers. Erstens formulieren mehrere Beiträge explizite Kritik an der Innen- und Außenpolitik Präsident Putins. Die Anerkennung als Großmacht etwa hänge nicht allein von objektiven Faktoren wie militärischer Macht ab. Die Geschichte der Großmachtbeziehungen sei ab dem 18. Jahrhundert auch von einer intersubjektiven Komponente gekenn-

zeichnet, die die Beurteilung innerer Verhältnisse und der
Zivilisation eines Großmachtkandidaten in die Zuschreibung
des Großmachtstatus einfließen lasse. Der Beitrag Iver B. Neu-
manns schließt mit dem Befund, dass Putins Regierung jegliche Einsicht in diesen Mechanismus fehle.[33] Das Postulat
einer Demokratisierung Russlands, das mehrere Beiträge ve-
hement formulieren, vereint unterschiedliche Ziele: politische
Teilhabe der Staatsbürger Russlands wie auch eine zu Europa
und dem Westen kompatible Herangehensweise an die Absicherung des Großmachtstatus. Im Umgang mit der sogenannten russischen Welt außerhalb der Russländischen Föderation
fordern mehrere Beiträger eine rhetorische Abrüstung der
russischen Außenpolitik und stattdessen eine stringente kulturelle Außenpolitik zur Förderung der russischen Sprache,
die die russische Diaspora nicht zu einem Faustpfand einer sä-
belrasselnden Politik mache. Ein zweites großes Themenfeld
bildet die Frage, inwieweit die vergleichenden Perspektiven
im Band Zukunftskonzepte für Russland erhellen können. In
der Summe laufen die Befunde eher auf eine ausgesprochen
individuelle postimperiale Situation Russlands hinaus. Die
Fälle Deutschland, Japan, Großbritannien und Frankreich
seien alle nicht auf die russische Postimperialiät übertragbar.
Russland könne seine Demokratisierung keinem auswärtigen
Hegemon überlassen wie Deutschland und Japan nach ihren
im Zweiten Weltkrieg gescheiterten Imperiumsbildungen.
Und anders als Großbritannien und Frankreich könne Russland sich weder in eine *special relationship* mit den USA begeben noch sich als Motor der europäischen Integration insze-
nieren. Den dritten Problemkreis bilden Fragen nach der
russischen und der russländischen Nation. W. A. Tischkov plä-
diert für eine exklusive Konzentration auf die russländische
Staatsbürgernation, da die Vorstellung der russischen Nation
Ängste vor einem ethnisch aufgeladenen russischen Chauvi-

nismus schüren könne.[34] Miller hingegen argumentiert für ein Mit- und Ineinander der russischen Kulturnation und der russländischen Staatsbürgernation, da letztlich die russische Sprache und Kultur jene Mittel seien, die die politische Teilhabe der russländischen Staatsbürger in der Praxis erst ermöglichten.[35] Einen gemeinsamen Nenner finden beide im Ausschluss eines ethnischen Nationsverständnisses.

2011 veröffentlichte der Direktor der Moskauer Filiale der Carnegie-Stiftung, Dmitrij Trenin, sein Buch *Post-Imperium*. Darin zieht er eine Zwischenbilanz des russischen Abschieds vom Imperium und prognostiziert, dass der suchende und sortierende Umgang mit dem imperialen Erbe in Russland nicht Jahrzehnte, sondern Generationen in Anspruch nehmen werde. Gleichwohl – so Trenin – lasse sich im Rückblick aus der Distanz von 20 Jahren festhalten, dass Russlands Abschied vom Imperium im Vergleich zum Ende anderer Welt- und Kolonialreiche verhältnismäßig friedlich verlaufen und in Russland das Ende des Imperiums rasch als neuer Status quo akzeptiert worden sei. Das Ende einer über 300 Jahre zählenden gemeinsamen Staatlichkeit mit der Ukraine, der Rückzug aus der hegemonialen Position in Ostmitteleuropa und der Truppenabzug aus Afghanistan – dies alles sei in Russland umstandslos in den Aufbruch in eine neue Zukunft eingerechnet worden. Aus der Perspektive des Jahres 2018 stellt sich dies freilich anders dar. Gleichwohl hat Trenin Recht, wenn er die Zahl der Opfer der sowjetischen Militäreinsätze in Tbilisi 1989 und Vilnius 1991 sowie die Opferzahlen des armenisch-aserbajdschanischen Konflikts seit 1988 mit den hohen Opferzahlen etwa bei der Teilung Indiens und Pakistans im Zuge der Auflösung des Britischen Empires oder die relative Friedfertigkeit des Endes der Sowjetunion mit den Nachfolgekriegen in Jugoslawien in den 1990er Jahren kontrastiert. Manche Einschätzungen Trenins sind aufgrund der

Annexion der Krim 2014 und des Krieges im Donbas nicht mehr haltbar. Nichtsdestoweniger liefert das Buch hilfreiche Analysen von Russlands postimperialer Situation mit Blick auf eine Vielzahl von Themen, die von der internationalen Politik über die Ordnung Europas bis zu Grenz- und Territorialfragen sowie ökonomischen Themen reichen.[36]

Die geschichtswissenschaftliche Reflexion der postimperialen Situation Russlands leistet kontinuierlich seit ihrem Gründungsjahr 2000 die Zeitschrift *Ab Imperio*. Marina Mogilner, Il'ja Gerasimov, Alexander Semyonov, Sergej Glebov und Alexander Kaplunovskij hatten die Zeitschrift in Kasan ins Leben gerufen. Bis heute ist das Organ seinem Credo treu geblieben, die Geschichte von imperialer Herrschaft, imperialen Visionen, Nationsbildungen und Regionen auf dem Territorium des ehemaligen Zarenreiches und der Sowjetunion in einer internationalen Fachdiskussion einem russischen Publikum zu erschließen und damit einen Beitrag zur wissenschaftlichen Erforschung von und öffentlichen Information über Imperialität zu leisten.[37]

Zuletzt hat der Politologe, Zeithistoriker und Journalist Sergej Medwedjew die dritte Präsidentschaft Wladimir Putins von 2012 bis 2018 aus dem Blickwinkel des Umgangs Russlands mit dem imperialen Erbe kommentiert. In Putin sieht Medwedjew dabei nicht allein einen Akteur, sondern vor allem eine Verkörperung der jüngsten Zeitgeschichte Russlands. Die patriotische Aufwallung nach der Annexion der Krim und während der Anfänge des Krieges im Donbas, aber vor allem auch die innere Abgrenzung eines ethnischen russischen Nationalismus von Migranten, die aus dem Kaukasus und Zentralasien nach Moskau gekommen sind, schätzt Medwedjew als vertane Chance ein, aus dem imperialen Erbe einen informierten und toleranten Umgang mit anderen im Raum des ehemaligen Imperiums zu entwickeln. Solche national verengten Perspektiven transformierten – so Medwedjew – die Russländische Föderation und ihr imperiales Erbe in ein provinzielles Land.[38]

Es liegen somit, sei es in russischer Sprache oder aus russischer Feder, eine ganze Reihe von wissenschaftlichen Beiträgen zur Postimperialität Russlands vor, die als Korrektiv der teils hochfliegenden und phantastischen Imperiumsvorstellungen in Fernsehen und Belletristik Russlands dienen können. Diesen russischen Beiträgen lässt sich vieles entnehmen, was die Erkenntnis Russlands in Deutschland und Europa fördern könnte. Wer Russland verstehen möchte, kann sich nicht darauf beschränken, Putins Handlungen als unausweichliche Reaktionen auf Fehler des Westens zu legitimieren,[39] sondern muss Russland analysieren, um das vielschichtige Erbe des Imperiums zu erkennen. Das Innere der Russländischen Föderation, die internationale Ordnung, die postsowjetische Welt und eine Reihe von Regionalkonflikten in Moldawien, Georgien und der Ukraine erscheinen dabei als unterscheidbare, aber sich auch überschneidende Handlungsfelder russischer Politik.

Russländische Föderation

Einen ganz wesentlichen Anteil am Ende der Sowjetunion hatte in den Jahren 1989 bis 1991 die Russische Sowjetrepublik (RSFSR) unter ihrem Präsidenten Boris Jelzin. Erst recht nach Jelzins entscheidendem Widerstand gegen den Putsch im August 1991 nahm Russland wie eine Vielzahl anderer Sowjetrepubliken für sich das Recht in Anspruch, sich von der Sowjetunion zu emanzipieren. Zum Jahreswechsel 1991/92 betrat ein souveränes und unabhängiges Russland die Weltbühne. Doch wie sollte dieses neue Russland politisch verfasst sein?

Welche Positionen und welche Kompetenzen sollten den zahlreichen Regionen des Landes in einer neuen Verfassung zukommen? Welches Selbstverständnis sollte der russischen Nation zugrunde liegen? Welches Geschichtsbild und welche Werte sollten dem Land nach dem Ende des Kommunismus Orientierung bieten? Als am 25. Dezember 1991 anstelle der sowjetischen Flagge die russische Trikolore am Fahnenmast des Kreml aufgezogen wurde, zeichneten sich diese Fragen erst schemenhaft ab. Fertige Antworten auf diese Fragen hatte niemand in Russland zur Hand. Es wäre auch verfrüht zu sagen, dass diese Fragen heute in Russland beantwortet wären. In allen Diskussionen, die darüber in Russland im letzten Vierteljahrhundert geführt worden sind, sind jedoch deutlich die Spuren der Geschichte des Zarenreiches und der Sowjetunion zu lesen.

Unbestreitbar ist nach dem Ende der Sowjetunion die russische Nation in den Mittelpunkt von Debatten, Loyalitäten und Geschichtsbewusstsein getreten. Doch wie im späten Zarenreich ist das Verhältnis zwischen der russischen Nation und der Gesamtzahl der Untertanen respektive Staatsbürgerinnen und Staatsbürger verschiedener Sprachen und Kulturen in der Schwebe. Wie im 19. Jahrhundert hält auch heute die russische Sprache idealtypisch die Möglichkeit bereit, zwischen den Adjektiven russisch als Bezeichnung von Sprache, Kultur und Ethnos sowie russländisch als Kennzeichnung der gesamtstaatlichen Ebene von staatlichen Institutionen und Staatsbürgerschaft zu differenzieren. Und ebenso wie im 19. Jahrhundert gibt es heute keinen allgemein gültigen Sprachgebrauch, der die Idealtypen stets in Reinform abbildet. Die Geschichtsschreibung über das späte Zarenreich hat jüngst sehr kontroverse Einschätzungen über das Verhältnis zwischen der russischen Nation und dem russländischen Imperium um 1900 formuliert. Wo die einen den Versuch russischer Eliten sehen, das gesamte Reich nach den Maßstäben der russischen Nation zu vereinheitlichen, erblicken andere in der russischen Nation eine von vielen Nationen, die das nationen-bildende Imperium hervorgebracht hat.[40] Festhalten lässt sich jedoch, dass auch das Zarenreich um 1900 nicht exklusiv von der russischen Nation, sondern von einem multiethnischen Reichsadel geführt wurde.[41]

Ganz ähnlich ist auch heute die Verhältnisbestimmung von russisch und russländisch in der Schwebe. Während einige Beobachter Russland auf dem Weg zu einem russischen Natio-nalstaat stehen, halten andere fest, dass Russland niemals ein klassischer Nationalstaat werden könne.[42] Gleichwohl lässt ein Blick auf die staatliche Geschichtspolitik bereits in der Zeit Jelzins, vor allem aber seit Beginn der Präsidentschaften Putins 2000 eine deutliche Tendenz erkennen, in welche Rich-tung der Staat das Verhältnis zwischen russischer Nation und russländischer Vielfalt von Kulturen und Sprachen auszu-tarieren versucht. Die Programme patriotischer Erziehung, die neue Ausrichtung von Lehrbüchern und Unterricht im Schulfach Geschichte sowie die Reden des Präsidenten for-mulieren ein Konzept der russischen Nation und eines russi-schen Patriotismus, die nicht ethnisch verengt sind, sondern ein Identifikationsangebot an alle russländischen Staatsbürge-rinnen und Staatsbürger darstellen. Die Vielfalt Russlands wird Teil der staatlichen Selbstbeschreibung der russischen Nation.[43] Diese prägt einen neuen Begriff, der den Singular der Nation mit der ethnischen Vielfalt in der Rede vom «mul-tiethnischen Volk» (*mnogonatsional'nyj narod*) verschmilzt – so beispielsweise zuletzt in der Ansprache, die Präsident Putin am 12. Juni 2018, dem Nationalfeiertag Russlands, hielt.[44] Die gesellschaftliche Akzeptanz wird abzuwarten bleiben. Von der Lebendigkeit der Auseinandersetzung über das Verständ-nis von russischer Nation und den zahlreichen Regionen

Russlands zeugt jedoch ein Blick auf die aktuelle Kultur. Während die Massenkultur Russlands momentan die Reinheit der russischen Nation in den Provinzen verortet und mit den verwestlichten Großstädten und der globalisierten Hauptstadt Moskau kontrastiert, schreiben die Literatur der Hochkultur und Art-House-Filme das Bild der rückständigen Provinzen im Kontrast zu den fortschrittlichen urbanen Zentren fort.[45] Die Heimatkunde (*krajewedenie*) wiederum hatte bereits in der Sowjetunion ab den 1960er Jahren einen Wiederaufschwung erfahren und stellt sich im gegenwärtigen Russland als wissenschaftliche Disziplin, Gegenstand staatlicher Förderung und Schulfach sowie lokale Praxis dar.[46]

Dem Erbe des Vielvölkerreiches trug Boris Jelzin in den frühen 1990er Jahren Rechnung, indem er das Verhältnis zahlreicher Regionen unter den 93 Föderationssubjekten Russlands mit der Moskauer Zentrale bilateral verhandelte. Das Resultat waren bisweilen beachtliche Autonomieverträge, am ausgeprägtesten im Fall von Tatarstan mit seiner Hauptstadt Kasan an der mittleren Wolga. Die Republik Tatarstan umfasst 68 000 Quadratkilometer. Rund die Hälfte ihrer Einwohner sind Tataren, das nach den Russen zahlenmäßig größte Volk in der Russländischen Föderation. Zu den wirtschaftlichen Ressourcen Tatarstans zählen neben dem Maschinenbau vor allem die reichen Erdölvorkommen.[47]

Am 30. August 1990 hatte sich die Autonome Republik Tatarstan zu einem souveränen Staat erklärt und betrachtete sich selber nun als eine Unionsrepublik der Sowjetunion wie etwa die Ukraine.[48] Andere Autonome Republiken in der RSFSR verfuhren ebenso. In der jungen Russländischen Föderation willigten jedoch die ehemaligen Autonomen Republiken wie Mordowien und Baschkirien darin ein, ihre selbst erklärte Souveränität nicht in eine Unabhängigkeit umzumünzen, sondern sich als integrale Bestandteile der Russländischen Fö-

deration zu betrachten – nicht so Tatarstan. Von allen ehemaligen Autonomen Republiken der RSFSR hatte es die besten
Ausgangsbedingungen für eine Unabhängigkeit: eine entwickelte Wirtschaft, eigene Ölvorkommen, eine hohe Bevölke-
rungszahl mit einem hohen Prozentanteil der Titularnation
der Tataren. Erst 1994 kam es zu einer Einigung zwischen
dem Kreml in Moskau und der Republik Tatarstan über den
Status von Tatarstan als Föderationssubjekt der Russländischen Föderation. Am 15. Februar 1994 unterzeichneten Jelzin und Tatarstans Präsident Mintimer Schamijew den Vertrag
im Kreml. Tatarstan verzichtete auf den Anspruch, ein souveräner Staat zu sein. Es erhielt den Grund und Boden seiner
Republik und die Bodenschätze zum Eigentum. Ferner unterscheidet der Vertrag Moskauer, Kasaner und gemeinsame
russländisch-tatarische Kompetenzen in der Politik der Teil-
republik Russlands. Bis zum Ende der 1990er Jahre folgten
auf den Vertrag mit Tatarstan 40 weitere Verträge, die Moskau
bilateral mit einzelnen Föderationssubjekten aushandelte.

2007 schlossen Moskau und Kasan einen neuerlichen Vertrag mit einer Laufzeit von zehn Jahren, der die Bestimmun-
gen des Vertrages von 1994 fortschrieb. 2017 ist der Vertrag
ausgelaufen, ohne dass ein neuer geschlossen worden wäre. In
der Zeit nach Putin dürfte Tatarstan eine der Regionen sein,
die am stärksten auf eine konsequente Wiederherstellung
eines auch regional ausbuchstabierten und nicht nur auf dem
Papier behaupteten Föderalismus drängen wird. Denn noch
erweckt Putins Machtvertikale den Eindruck, Moskau habe in
den späten 2000er Jahren, insbesondere in der zweiten Präsidentschaft Putins, den Flickenteppich unterschiedlicher regionaler Sonderrechte planiert und rigoros dem Moskauer
Zentralismus unterworfen. Das ist nicht falsch. Nachdem islamistische Terroristen aus Inguschetien und Tschetschenien am
1. September 2004, dem ersten Schultag im Schuljahr Russ-

lands, in Beslan in Nordossetien eine Schule in Geiselhaft genommen hatten und es bei der Einnahme der Schule durch Sicherheitskräfte mindestens 330 Opfer, darunter viele Kinder, gegeben hatte, kündigte Putin in einer Ansprache eine scharfe Reaktion an. Putin sah in dem Anschlag von Beslan einen internationalen Terrorismus am Werk, der auf das größere Ziel einer Schwächung Russlands in der internationalen Arena hinarbeite. Es handele sich um einen Angriff auf Russland, der eine Bedrohung Russlands im Inneren und von außen vor Augen führe. Die nötige Antwort könne allein eine Stärkung des Staates und seiner Sicherheitspolitik sein.[49] Im Folgenden schaffte Putin die Wahl der Gouverneure ab, die er fortan ernannte, ehe er 2012 wieder ihre Wahl zuließ. Gleichzeitig erfolgte 2012 jedoch eine Verschärfung staatlicher Kontrolle. Nach den Protesten gegen Wahlbetrug bei der Dumawahl im Winter 2011/12 erfolgten Einschränkungen von Medien- und Versammlungsfreiheit sowie der Tätigkeit von NGOs. Zum Bild einer gestärkten Machtvertikale trugen auch die Lenkung der Wahlen und weiterhin die Praxis der Manipulation ihrer Ergebnisse bei.[50]

Dem russischen Publikum wird der Eindruck umfassender politischer Steuerung zudem durch eine gezielte Inszenierung der Person des Präsidenten nahegebracht. Zu Beginn seiner dritten Präsidentschaft 2012 hat das mediale und popkulturelle Bild Putins eine enorme Breite an Motiven erreicht. Die Bilder des Präsidenten als militärischer Jetpilot, Oberbefehlshaber bei der Inspektion von Manövern, Judoka, Eishockeyspieler, Reiter mit freiem Oberkörper in den Weiten Sibiriens, Betäubungsschütze eines sibirischen Tigers und Taucher bei der Bergung antiker Amphoren aus dem Meer vermitteln die Vorstellung, dass das Kommando über das russische Staatsschiff in den Händen eines sportlichen Alleskönners liege.[51] Im Sommer 2018, wenige Monate nach Beginn der vierten

Präsidentschaft von Putin, hat der Erste Kanal eine neue Serie mit dem Titel *Moskau, Kreml, Putin* gestartet, die jeweils sonntagabends dem Fernsehpublikum aus dem Arbeitsalltag des Präsidenten berichtet. Die Sorge Putins um Land und Leute wird so zum sonntäglichen Fernseh-Event, der die Woche beschließt.[52]

Jedoch offenbart ein zweiter Blick hinter die Fassade der Machtvertikale Grenzen und Schwächen staatlicher Zentralisierung und Lenkung sowie vor allem eine in unterschiedliche Richtungen laufende Entwicklung verschiedener Landesteile, die zu einem ganz anderen Bild als dem des omnipotent beherrschten Staates führen. Hier schreibt sich die Geschichte des Zarenreiches als überregulierte und unterverwaltete Monarchie sowie der Sowjetunion als eines Staates an den Grenzen des Planbaren fort.

Nach dem Ende der Sowjetunion haben einige Regionen Russlands einen teilweisen Rückzug aus oder eine Stagnation in Städten erlebt, die die sowjetische Planwirtschaft aus dem Boden gestampft hatte, um Rohstoffe abzubauen oder Fabriken und Atomkraftwerke zu errichten. In der Republik Tatarstan ist Kamskie Poljany ein Beispiel. 1983 löste die Ankündigung, dort ein neues Atomkraftwerk zu bauen, einen Zuzug von Arbeitskräften und ihren Familien in die neu errichtete Stadt aus. Ein altes Dorf aus dem 16. Jahrhundert hatte man kurzerhand für den neuen Stadtbau planiert. Angesichts der Reaktorkatastrophe von Tschernobyl 1986 fiel in der späten Sowjetunion die Entscheidung, den Bau des AKW in Kamskie Poljany fürs Erste auf Eis zu legen. Daran hat sich bis heute nichts geändert. Zwischenzeitlich sollten eine Fabrik für Stretchfolie und die Eröffnung von Casinos der Geisterstadt aus ihrer Perspektivlosigkeit helfen – vergeblich: Noch immer warten einige Menschen in Kamskie Poljany auf den Baubeginn des AKW.[53] Die 1990er Jahre erlebten im Ganzen eine

starke Bevölkerungsabwanderung aus sowjetischen Erschlie-
ßungs- und Industrialisierungsregionen und -städten im Nor-
den Sibiriens und im Fernen Osten.[54] Sibirien gerät zudem
immer wieder in den Fokus, wenn es um die Asymmetrien im
Verhältnis Russlands und Chinas geht. Die chinesische Ökonomie und Demographie entwickeln eine Kraft, so die oft seit
1991 in Russland geäußerte Furcht, dass sie Sibirien mittel-
fristig Russland entfremden könnten. Kürzlich hat Pawel
Paschkow darauf hingewiesen, dass die Holzwirtschaft in Sibirien sich gänzlich in der Hand chinesischer Investoren und
Unternehmer befinde, die sibirisches Holz nach China aus-
führten, ohne sich um die Wiederaufforstung der sibirischen
Wälder zu kümmern.[55] Chinesischer Erwerb von Grund und
Boden am Bajkalsee nährt Befürchtungen in Russland, Teile
Sibiriens könnten an China verloren gehen.[56]

Die größte Herausforderung der territorialen Unversehrtheit Russlands ist der Konflikt mit Tschetschenien gewesen,
der in zwei Kriege mündete. Das sowjetische binationale Gebiet Tschetscheno-Inguschetien spaltete sich 1991 in zwei getrennte Teile auf. Tschetschenien erhob sich in den Rang einer
Republik, in der das Parlament und der Präsident Dschochar
Dudajew, ein ehemaliger sowjetischer General, um die politische Führungsrolle rangen. An der Ausgestaltung der neuen
föderalen Ordnung Russlands beteiligte sich Tschetschenien
nicht. Stattdessen strebte Dudajew die vollständige staatliche
Unabhängigkeit Tschetscheniens an. Dies konnte Boris Jelzin
nicht zulassen. Die Unabhängigkeit Tschetscheniens wäre ein
Modellfall für weitere Sezessionen aus der Russländischen
Föderation gewesen. Von 1994 bis 1996 setzte Jelzin die Armee im ersten Tschetschenienkrieg ein, um die Region in der
Föderation zu halten. Der Friedensschluss von 1996 kam unter Vermittlung der OSZE zustande und führte zu einem nicht
de jure, jedoch de facto unabhängigen Tschetschenien. Sein

Präsident Aslan Maschadow benannte Tschetschenien in die islamische Republik Itschkeria um und führte die Scharia ein.[57]

1999 überfielen Islamisten aus Tschetschenien das benachbarte Dagestan. Im Herbst stürzten unter der Wucht von Bombendetonationen Wohnhochhäuser in Moskau ein. Wladimir Putin sah dahinter tschetschenische Täter und entschloss sich zu einem harten Durchgreifen. Bis 2003/04 zog sich der zweite Tschetschenienkrieg hin. Er hatte eine deutlich stärkere internationale Dimension als der erste Krieg von 1994 bis 1996, in dem es aus russischer Sicht darum ging, die Sezession einer nationalen Bewegung zu verhindern. Mit der Islamisierung Tschetscheniens verknüpfte sich der Konflikt mit dem internationalen islamistischen Terrorismus. Der Stellvertreter von al-Qaida-Chef Osama Bin Laden, Aiman al-Zawahiri, rief nach den Anschlägen vom 11. September 2001 die Mujahedin in Tschetschenien und dem Kaukasus dazu auf, sich mit islamistischen Gruppen in der Türkei, dem Iran, Afghanistan und Zentralasien zu einem Gürtel im Süden Russlands zu vereinen. Salafisten, Wahhabiten und andere islamistische Netzwerke stellten den Zustrom von Waffen nach Tschetschenien sicher. Zugleich bot Tschetschenien Raum und Gelegenheit zur Ausbildung islamistischer Kämpfer. Nach der Eroberung des Kaukasus gegen lang anhaltenden Widerstand der Bergvölker in der Mitte des 19. Jahrhunderts hat Russland im zweiten Tschetschenienkrieg ab 1999 abermals sein Militär rücksichtslos und mit aller Härte eingesetzt, um der Unbotmäßigkeit Tschetscheniens ein Ende zu bereiten. Die Ruinen der völlig ausgebombten Stadt Grosny standen emblematisch für diesen Krieg. Der Europäische Gerichtshof für Menschenrechte hat zahlreiche russische Verstöße gegen Menschenrechte im Zuge des Krieges in Tschetschenien festgestellt.[58] Neben der Gewalt griff Moskau zur Strategie der Tschetschenisierung des Konflikts: «Teile und herrsche» ist ein bekanntes imperiales Herrschaftsinstrument. Der Moskau loyale Großmufti Tschetscheniens Achmed Kadyrow gewann 2003 die Wahl zum Präsidenten Tschetscheniens, bevor er 2004 bei einem Attentat starb. Ihm folgte sein Sohn Ramsan Kadyrow im Amt des Präsidenten, das er bis heute innehat.[59]

Keine andere Region in der Russländischen Föderation zeigt so deutlich die Sollbruchstellen der Machtvertikale Moskaus auf wie Tschetschenien. Eine Studie der International Crisis Group ist zu dem Ergebnis gelangt, dass Tschetschenien de facto als inneres Ausland Russlands zu betrachten sei. Das gegenwärtige Tschetschenien unterscheidet sich stark von jenem Tschetschenien, das 1994 die Unabhängigkeit von Russland anstrebte. Der 1994 begonnene Tschetschenienkrieg war eine Auseinandersetzung zwischen einem tschetschenischen Nationalseparatismus und Moskau, das die territoriale Integrität der Russländischen Föderation zu erhalten versuchte. Das aktuelle Tschetschenien unter der Führung Ramsan Kadyrows erlaubt es Putin, den Erfolg, die Einheit der Russländischen Föderation inklusive Tschetscheniens gewahrt zu haben, für sich zu verbuchen. Der Preis dafür ist gleichwohl hoch und besteht darin, dass Tschetschenien sich zu einem Staat im Staat entwickelt hat. Die einzige verbliebene Verbindung, die Tschetschenien als Teil der Russländischen Föderation erscheinen lässt, ist der seidene Faden persönlicher Loyalität zwischen Kadyrow und Putin. Im Übrigen ist das Innere Tschetscheniens im Widerspruch zum Modell der putinschen Machtvertikale der Russländischen Föderation mehr oder weniger entzogen. Polizei und Justiz Russlands haben keine Eingriffsmöglichkeiten in Tschetschenien. Die Religionsfreiheit ist aufgehoben. Es herrscht ein sunnitischer Islam, der sich vom Wahhabismus und vom Salafismus abgrenzt, nichtsdestoweniger aber eine Nähe zum «Islamischen Staat» aufweist.

Tschetschenische Kämpfer gehörten zum Reservoir des «Islamischen Staates» in Syrien. Das Recht in Tschetschenien ist geprägt vom Gewohnheitsrecht Adat, das Ehrvergehen ahndet und Frauenrechte einschränkt, indem es beispielsweise die Verheiratung von Minderjährigen zulässt. Die offizielle Ideologie Tschetscheniens setzt sich aus tschetschenischem Nationalismus, Islam, Putinismus und russländischem Patriotismus zusammen und wird verkörpert vom tschetschenischen Präsidenten Ramsan Kadyrow, der sich für eine lebenslange Amtszeit Putins als Präsident Russlands ausgesprochen hat. Die Aufmärsche von uniformierten Kämpfern in Grosny inszeniert Kadyrow als Loyalitätsbeweis gegenüber Putin. Zugleich wirken sie aber auch wie eine Machtdemonstration und versteckte Drohung. Ein Prozess der Aussöhnung zwischen Tschetschenen und Russen ist seit den beiden Tschetschenienkriegen nie wirklich in Gang gekommen.[60]

Die Erosion der Moskauer Machtvertikale in den Regionen führte zuletzt der Gebietstransfer von der Republik Inguschetien an Tschetschenien vor Augen, den die Führer der beiden Republiken, Junus-Bek Jewkurow und Ramsan Kadyrow, am 26. September 2018 vereinbart hatten. Nach Demonstrationen gegen den Tausch in den betroffenen Orten Inguschetiens, die nicht Teil Tschetscheniens werden möchten, urteilte das Verfassungsgericht der Republik Inguschetien, ein solcher Transfer könne nicht von den Exekutiven der beiden Republiken beschlossen werden. Jewkurow und Kadyrow haben bislang nicht den Willen bekundet, sich diesem Gerichtsbeschluss zu beugen.[61] Wie immer sich dieser Fall weiterentwickelt: Dass ein solcher Streit um Land und Einfluss im Kaukasus zur Überraschung des Kremls in der Öffentlichkeit ausgetragen wird, offenbart die schwindenden Durchgriffskräfte Moskaus im Land.

Auch aus anderen Regionen gibt es jüngst Hinweise darauf,

dass die gelenkte Demokratie an ihre Grenzen stößt. Bei Regionalwahlen am 9. September 2018 mussten die Kandidaten der Putin loyalen Partei «Einiges Russland» sich in vier Regionen in Stichwahlen begeben. In der Region Primorje im Fernen Osten wurde nach der Stichwahl für das Amt des Gouverneurs der Kandidat von Einiges Russland Andrej Tarasenko zum Sieger über den kommunistischen Kandidaten Andrej Ischtschenko erklärt. Wahlbeobachter sprachen jedoch davon, dass bei der Stichwahl Urnen mit Wahlzetteln für Tarasenko vollgestopft worden seien. Es kam zu Demonstrationen in Wladiwostok. Die Zentrale Wahlkommission empfahl daraufhin eine Wiederholung der Wahl. Das ist in der gelenkten Demokratie Putins ein bislang einmaliger Vorgang.[62] Der russische Politologe Nikolaj Petrow sieht dabei die Frage im Raum stehen, ob sich das jetzige Modell gelenkter Wahlen vom Kreml halten lässt oder die Entwicklung eines Wahlsystems mit tatsächlichen Wahlmöglichkeiten unausweichlich wird.[63] Dies ist nur eine Perspektive, aus der die Rückkehr politischer Handlungsspielräume in den Regionen denkbar ist. Eine weitere liegt in der starken Personalisierung der Politik Russlands unter Putin. Die Macht ist in Russland austariert, da Putin der zentrale Punkt eines personalisierten Netzwerkes von Loyalitäten ist und als Moderator verschiedener Interessengruppen und ideologischer Orientierungen funktioniert. Die immer wieder aufkommende Frage nach einem Nachfolger Putins lässt erahnen, wie stark Konkurrenzen sichtbar und wirkungsmächtig werden, wenn Putin diese Rolle nicht mehr spielen wird. In den Auseinandersetzungen, die dann im Zentrum zu erwarten sind, liegt auch die Möglichkeit, dass die Regionen Russlands wieder ein stärkeres Gewicht einfordern. Die Geschichte Russlands ist eine stete Auseinandersetzung von zentralisierender Macht und regionalem Eigensinn. In der Zeit nach Putin könnten die Regionen Russlands dieser Geschichte ein weiteres Kapitel hinzufügen. Dies hätte eine gewisse Schlüssigkeit, da die Konstituierung einer Föderation als Nachfolgestaat eines Imperiums eine plausible Lösung war, um eine Einheit in Vielfalt zu bewahren. Anders als beim Ende des Habsburgerreiches 1918 und des Osmanischen Reiches 1923, als die nationalen Kerne Österreich und Türkei zu nationalen Nachfolgestaaten wurden, hat die Russländische Föderation eine Größe und Vielfalt bewahrt, die über den Raum eines russischen Nationalstaats hinausgeht. Aus Sicht der Regionen wäre es schlüssig, in der Zeit nach Putin den föderativen Charakter Russlands mit neuem Leben zu füllen. Die Heimatkunde (*krajewedenie*) hat in den letzten Jahrzehnten ein Regionalwissen geschaffen, dessen Wirkung nicht zu unterschätzen ist.

Internationale Ordnung und Weltpolitik

Nachdem Michail Gorbatschow und Ronald Reagan Abrüstungsvereinbarungen getroffen hatten, die Berliner Mauer gefallen und die Wiedervereinigung Deutschlands erfolgt war, kamen im November 1990 in Paris die Mitgliedsstaaten der KSZE zusammen. In der Charta von Paris besiegelten sie das Ende des Kalten Krieges und erklärten die Teilung Europas für überwunden. Die Unterzeichnerstaaten bekennen sich zu einer Zukunft Europas unter den Vorzeichen von Demokratie, Rechtsstaatlichkeit, Menschenrechten, Unverletzbarkeit der Grenzen und Friedfertigkeit der Staatenbeziehungen. Die Charta von Paris 1990 gilt als Fortschreibung der Schlussakte von Helsinki 1975 und Gründungsdokument einer neuen europäischen Friedensordnung.[64] Im Rückblick aus der Perspektive des Jahres 2014 erscheint die Rede von der Begründung einer neuen europäischen Friedensordnung 1990 jedoch fragwürdig. Richard Sakwa hat das Vierteljahrhundert zwischen dem Ende der Sowjetunion und Russlands Annexion der Krim einen Kalten Frieden genannt. In diesem Kalten Frieden – so Sakwa – sei die Ordnung von Paris daran gescheitert, dass der Westen und die EU keine Wege gefunden hätten, die neuen Verhältnisse partnerschaftlich mit Russland auszugestalten. Die Chance, das von Gorbatschow beschworene gemeinsame Haus Europa zu errichten, sei vom Westen verspielt worden.[65]

Geht man von Gorbatschows Formel vom gemeinsamen Haus Europa aus, so gibt es in der Tat einige Anhaltspunkte, aus russischer Perspektive eine Geschichte des Scheiterns zu schreiben. Nicht allein Gorbatschow hat vom gemeinsamen Haus Europa gesprochen. Auch Putin hat einen gemeinsamen europäischen Raum in seiner auf Deutsch gehaltenen Rede im Bundestag 2001 beschworen.[66] Dabei hat die Moskauer Politik drei Prämissen zugrunde gelegt.

(1) Die Aussagen in verschiedenen Gesprächen des amerikanischen Außenministers James Baker und des Außenministers der Bundesrepublik Hans-Dietrich Genscher zu Beginn des Jahres 1990 mit sowjetischen Politikern und Diplomaten, die Wiedervereinigung Deutschlands werde zu keiner Stationierung von NATO-Truppen auf dem Territorium der ehemaligen DDR, geschweige denn in ostmitteleuropäischen Staaten des Warschauer Paktes führen, liest die russische Politik als Zusage, es werde keine Ausdehnung der NATO nach Osten geben. Davon ist jedoch in den Gesprächen zwischen den USA, der Sowjetunion und der Bundesrepublik bereits in der Mitte des Jahres 1990 keine Rede mehr gewesen. Es gibt auch keine völkerrechtlich bindende Abmachung, in der die NATO die Aufnahme neuer Mitglieder in Ostmittel- und Südosteuropa ausgeschlossen hätte. Der damalige sowjetische Außenminister Eduard Schewardnadse hat darauf hingewie-

sen, dass zu einer Zeit, als der Warschauer Pakt noch existierte, niemand in Moskau eine solche Abmachung für nötig
erachtet habe.[67] Die Erweiterungsrunden der NATO 1999
und 2004 und auch die 2008 ins Auge gefassten NATO-Per-
spektiven Georgiens und der Ukraine interpretiert die russische Politik als unmittelbare Bedrohung der Russländischen
Föderation.

(2) Eine zweite Prämisse russischer Politik liegt darin, die
internationale Ordnung und insbesondere die Regelungen
über die Anwendung von Gewalt zwischen Staaten souverä-
nitätsorientiert aufzufassen.[68] Der Schutz der Souveränität
der Staaten erscheint in dieser Lesart als höchstes internatio-
nales Rechtsgut. Gewalt in den Staatenbeziehungen sieht
Russland entweder durch das Selbstverteidigungsrecht ange-
griffener Staaten und im Fall von Interventionen in andere
Staaten durch einen Beschluss des UN-Sicherheitsrates legiti-
miert.[69]

(3) Eine dritte Prämisse Putins lag darin, zu Beginn seiner
ersten Amtszeit auf persönliche Beziehungen zwischen Staats-
und Regierungschefs zu bauen. Nach ersten Begegnungen mit
dem amerikanischen Präsidenten George W. Bush und dem
britischen Premier Tony Blair wähnte Putin sich von gleich zu
gleich akzeptiert und übertrug diese Gleichheitsvorstellung
auf das Verhältnis Russlands zu den westlichen Mächten.[70]

Die größten Enttäuschungen dieser russischen Prämissen
waren neben der Erweiterung der NATO nach Osten die
NATO-Intervention im Kosovo 1999 und die Invasion der
von den USA angeführten Koalition in den Irak 2003. Aus
diesen Erfahrungen speist sich die russische Wahrnehmung,
nicht auf Augenhöhe akzeptiert, sondern von den westlichen
Mächten missachtet worden zu sein. Der in der Tat völker-
rechtswidrige Einmarsch der USA und Großbritanniens in
den Irak 2003 befördert wie kaum ein anderes Ereignis den

Eindruck, dass die USA sich nach dem Ende der Sowjetunion als Weltmacht in einer unipolaren Weltordnung fühlten und dementsprechend ungebunden agierten.[71]

Der Einmarsch in den Irak 2003 war völkerrechtswidrig, und die NATO-Intervention in den Kosovo 1999 und die Anerkennung des Kosovo als Staat 2008 sind völkerrechtlich umstritten.[72] Damit ist jedoch noch nicht gesagt, dass es Gründe gibt, sich die russische Wahrnehmung der internationalen Beziehungen seit 1991 vollends zu eigen zu machen.[73] Dem stehen eine Reihe von kritischen Fragen entgegen. Wer Russlands Betonung des Souveränitätsprinzips in der Staatenwelt zu Ende denkt, findet darin ein starkes Argument, das Estland, Lettland, Litauen, Polen, Tschechien, die Slowakei und Ungarn zur Begründung ihrer Beitritte zur NATO nutzen können. Steht die souveräne Entscheidung von Staaten über ihre Politik im Zentrum der internationalen Ordnung, beinhaltet dies die Freiheit jedes Staates zu entscheiden, welchem Bündnis er angehören möchte. Die Entscheidungen der genannten Staaten für eine Mitgliedschaft in der NATO sind auch vor dem Hintergrund ihrer geschichtlichen Erfahrungen nachvollziehbar. Am Ende des Ersten Weltkriegs haben Polen und Litauen ihre Staatlichkeit nach 123 Jahren Teilungen durch Preußen-Deutschland, Habsburg und Russland wiedergewonnen, die estnischen und lettischen Nationalbewegungen konnten 1918 erstmals einen Staat gründen. Nach dem Hitler-Stalin-Pakt und auf der Grundlage seines Geheimen Zusatzprotokolls vom 23. August 1939 verloren Polen, Litauen, Estland und Lettland ihre Staatlichkeit abermals und fanden sich ab 1944/45 in einem östlichen Europa unter sowjetischer Hegemonie wieder. Der sowjetische Massenmord an den polnischen Offizieren in Katyń und an anderen Orten der Sowjetunion 1940 sowie die Deportationen von Esten, Letten und Litauern nach dem Zweiten Weltkrieg stehen bis heute

einer Versöhnung zwischen Russland auf der einen und Estland, Lettland, Litauen und Polen auf der anderen Seite im
Wege. Partielle Ansätze dazu hat es gegeben. 2010 empfing
Putin den polnischen Ministerpräsidenten Donald Tusk zu einer Gedenkveranstaltung in Katyń anlässlich des 60. Jahrestags des Massenverbrechens. Doch von einer vollkommenen
Versöhnung kann in den Beziehungen dieser Staaten zu Russland keine Rede sein. In Ungarn, Tschechien und der Slowakei
waren in den 1990er Jahren wiederum die Erinnerungen an
die Interventionen der Sowjetunion in Budapest 1956 und des
Warschauer Paktes in Prag 1968 ein Argument, eine sicher-
heitspolitische Absicherung in der NATO zu suchen.[74]

Dem russischen Gefühl einer vollkommenen Ausgrenzung
aus Europa und des verweigerten Zutritts zum Westen stehen
einige institutionelle Arrangements entgehen. Russland und
die EU haben 1994 ein Partnerschafts- und Kooperationsab-
kommen geschlossen, das bis heute die rechtliche Basis für die
Beziehungen zwischen der EU und Russland darstellt.[75] Die
NATO und Russland haben 2002 den NATO-Russland-Rat
als Gremium der Information und Kooperation geschaffen.[76]
2012 hat die Welthandelsorganisation (WTO) Russland als
Mitglied aufgenommen.[77] Von einer vollkommenen Ausschlie-
ßungspolitik des Westens und der EU gegenüber Russland
kann mithin nicht die Rede sein. Wenn sich vor dem Hintergrund dieser Einbindungen russische Vorstellungen eines gemeinsamen Hauses Europa, eines Großeuropa von Lissabon
bis Wladiwostok nicht realisiert haben, so wirft dies Fragen
auf, wie tief das russische Verständnis der europäischen Integration gewesen ist und welche Angebote die russische Regierung Europa unterbreitet hat. Was hat die russische Regierung
sich konkret darunter vorgestellt? Wäre dies ein Europa der
Vaterländer im Sinne de Gaulles gewesen, ein Club souveräner Staaten ohne weitere supranationale Integration? Wenn

Historikerinnen und Historiker nach Ablauf der dreißigjähri-
gen Archivsperrfristen eine Geschichte Russlands und Europas von 1991 bis 2014 schreiben, wird es spannend sein zu
sehen, welche Antworten die sukzessive von 2021 bis 2044
einsehbar werdenden Archivbestände auf diese Fragen anbie-
ten werden.

Welche Details auch immer spätere Geschichtsschreibung
in den Beziehungen Russlands zum Westen von 1991 bis 2014
entdecken wird, eines ist jetzt bereits klar: Die Jahre 2007/08
sind ein Einschnitt in diesem Verhältnis gewesen. Zu diesem
Zeitpunkt scheint Putin es aufgegeben zu haben, sich um Ab-
stimmungen mit dem Westen zu bemühen, und hat dies in seiner Rede auf der Münchner Sicherheitskonferenz 2007 zum
Ausdruck gebracht. Aus Russlands Sicht gab es zu diesem
Zeitpunkt einen zentralen Grund für diese Wende: Die USA
hatten unter Präsident Bush 2001 den ABM-Vertrag aus den
1970er Jahren gekündigt, der den USA und der Sowjetunion
bzw. später Russland sehr strikte Grenzen für den Aufbau
von Raketenabwehrsystemen auferlegt hatte. Anfang 2007
konkretisierten sich die Pläne der USA, Teile ihrer geplanten
Raketenabwehr in Ostmitteleuropa zu errichten. Russlands
seitherige Außenpolitik zielt auf die Herstellung einer multipolaren Weltordnung.

Das Diskussionsforum Valdai Club, in dem Politik, Journalismus und Wissenschaft aufeinandertreffen, sowie die
wissenschaftliche Internetrepräsentanz «Russia in Global Affairs» zeigen dabei, dass die Suche nach einer multipolaren
Weltordnung nicht allein ein politisches Projekt ist. Sie stößt
auf eine große Resonanz in Publizistik und Wissenschaft
und darf damit als eine ideelle, wenn auch nicht notwendiger-
weise primäre und prioritäre Prägung der Eliten Russlands
gelten. Die multipolare Weltordnung ist kein fixes Projekt der
Polittechnologen im Kreml, sondern eine Debatte, die sich

großer Beteiligung erfreut und weiter in die Zukunft wirken wird.[78]

Das Konzept der multipolaren Weltordnung wurde in zahlreiche außenpolitische Projekte Russlands umgemünzt. Mit China verbindet Russland eine Reihe gemeinsamer Überzeugungen und Vorhaben.[79] Beide Staaten streben eine multipolare Weltordnung an, die von der Souveränität der Staaten als wichtigstem Prinzip geprägt sein soll. Einer liberalen Weiterentwicklung des Völkerrechts stehen beide Staaten ablehnend gegenüber.[80] Zugleich verletzen beide Staaten durchaus auch bestehendes Völkerrecht: Russland mit der Annexion der Krim 2014 und dem verdeckten Krieg im Donbas, China mit der Errichtung und militärischen Nutzung künstlicher Inseln im Südchinesischen Meer sowie der Nichtbeachtung des diesbezüglichen Schiedsspruchs eines internationalen Tribunals, des Internationalen Schiedsgerichtshofs in Den Haag.[81] Auf dem Energiesektor verbindet beide Staaten das Vorhaben, die Infrastruktur für höhere Gaslieferungen aus Sibirien nach China zu schaffen. Mit dem Verbund der BRICS-Staaten (Brasilien, Russland, Indien, China und Südafrika) haben sie einen Akteur geschaffen, der in der internationalen Ordnung ein Gegengewicht gegen die USA und die EU bilden soll. Die Entwicklungsbank dieses Staatenblocks ist als Alternative zum Internationalen Währungsfonds gedacht. Mit der Schanghaier Kooperationsorganisation verfügen Russland und China über eine Institution, um ihre auf die zentralasiatischen Länder gerichteten Politiken abstimmen zu können. Das Manöver Wostok im Herbst 2018 in Sibirien und dem Fernen Osten ist nicht nur das größte Militärmanöver, das die Russländische Föderation bislang abgehalten hat. An ihm haben sich auch chinesische Verbände beteiligt.[82]

Über dem Verbindenden dürfen jedoch bremsende und trennende Faktoren zwischen Russland und China nicht übersehen werden. Für beide Länder ist die EU der wichtigste Außenhandelspartner. Hinter dem russisch-europäischen und dem chinesisch-europäischen Handel fällt der russisch-chinesische Güteraustausch weit zurück. Beide Staaten sind vorsichtig, sich nicht in die Konflikte des anderen hineinziehen zu lassen. China und Russland unterhalten eine strategische Partnerschaft, kein Bündnis. Konsum und Freizeit der Eliten und Mittelschichten beider Länder sind nach wie vor auch von einer Orientierung am Westen geprägt. Auch wenn die Annäherung von China und Russland ein großes Versprechen auf eine multipolare Weltordnung darstellt, bleibt es eine offene Frage, ob sich angesichts des demographischen, informationstechnologischen und finanziellen Übergewichts Chinas auf Dauer eine Juniorrolle Russlands vermeiden lässt. Es ist nicht auszuschließen, dass Russland im bilateralen Verhältnis zu China in just jene subordinierte Stellung hineingerät, aus der es sich mit der Abwendung vom Westen vorgeblich befreien möchte.

Die Intervention in den Krieg in Syrien im Herbst 2015 hat Russland demonstrativ auf die Bühne der Weltpolitik zurückgeführt.[83] Mit der militärischen Rettung Assads hat Russland eine Situation geschaffen, in der sich eine Friedensordnung in Syrien nicht ohne signifikante russische Beteiligung herstellen lässt. Auch wenn eine Friedenslösung in und für Syrien kaum absehbar scheint, machtpolitisch hat die Intervention ihren Zweck aus der Perspektive Moskaus erfüllt.[84]

Russlands Abkehr vom Westen hat seit 2014 drastische Formen angenommen. 2016 fanden vor dem britischen Brexit-Referendum und der amerikanischen Präsidentenwahl gezielte Beeinflussungen der sozialen Medien und der Öffentlichkeit statt, die gegen die Kandidatin Hillary Clinton und gegen den Verbleib Großbritanniens in der EU gerichtet waren. Kausal ausschlaggebend für die Wahlausgänge waren die russischen

Einmischungen vermutlich nicht, doch spricht aus ihnen eine deutliche Bereitschaft zur Eskalation. In vielen europäischen Ländern unterhalten nationalistische und europafeindliche Parteien wie der Front National oder die AfD ein enges Verhältnis zur russischen Politik. Im Fall des Front National sind russische Geldzahlungen belegt.[85] Auf die AfD fällt der Verdacht russischer Unterstützung, da am 20. Februar 2017 Frauke Petry und Marcus Pretzell als Abgeordnete des sächsischen Landtages bzw. des Europaparlamentes den Rückweg aus Moskau, nach Gesprächen unter anderen mit dem russischen Parlamentspräsidenten Wjatscheslaw Wolodin, in einem von der russischen Seite kostenfrei zur Verfügung gestellten Privatjet zurücklegten.[86] Am deutlichsten wurde die Rücksichtslosigkeit russischer Politik mit dem Anschlag auf den ehemaligen Doppelagenten Sergej Skripal und seine Tochter im britischen Salisbury 2018. Die Indizien für eine Tat des russischen Militärgeheimdienstes GRU sind mittlerweile erdrückend. Es muss davon ausgegangen werden, dass eine solche Tat allein mit der Billigung des Präsidenten Russlands verübt werden konnte.[87] Das Arsenal der Mittel von hybrider Kriegsführung, Desinformationskampagnen, Cyber-Spionage und Geheimdienstanschlägen, das Generalstabschef Walerij Gerasimow in der Militärdoktrin Russlands von 2013 in seiner Analyse der Bedrohung Russlands dargelegt hat, setzt der russische Staat mittlerweile selbst hemmungslos im Ausland ein.[88] Dies lässt nur einen Schluss zu: Wer so handelt, sucht nicht mehr die Kommunikation in der Staatenwelt, sondern verlässt sich von Fall zu Fall entweder auf das Recht des Stärkeren oder sucht als Unterlegener in hybrider Konfliktführung neue Optionen. Russlands Außenpolitik ist unter Putin von der Politik eines Systemeintritts in die Strukturen des Westens zur Politik der Systemänderung übergegangen.

Sollen wir Russland fürchten? Mit dieser Frage betitelte

Dmitrij Trenin 2016 einen Essayband über Russlands Politik seit 2014.[89] Die Antwort des Historikers Timothy Snyder ist ein klares Ja. In seinem jüngsten Buch *Der Weg in die Unfreiheit* beschreibt Snyder die Welt als ein Dominospiel, in dem, von einem russischen Impuls angetippt, die Dominosteine der Demokratie in Europa und den USA umfallen. Dabei gibt Snyder durchaus zutreffende Informationen über die oben schon genannten russischen Instrumente der Destabilisierung anderer Gesellschaften und Staaten. Doch verfügen die Mitgliedsstaaten der Europäischen Union und die USA über andere gesellschaftliche Ressourcen zur Rettung der Demokratie in ihren Ländern als die primäre Befassung mit Russlands Politik. So besorgniserregend viele russische Maßnahmen im Einzelnen sind, es besteht kein Anlass, die Zukunft der Weltordnung und der Demokratie primär in Abhängigkeit von russischer Destruktion zu denken. Ob beispielsweise die Völkerrechtsordnung zu einer klassischen Variante der Kommunikation souveräner Staaten zurückkehrt oder für weitere liberale Integrationen offenbleibt, ist eine Frage, die Völkerrechtler seit einiger Zeit im Allgemeinen beschäftigt, ohne dass diese Frage allein von Russland gestellt würde.[90] Mit Blick auf die ersten zwei Jahre der Präsidentschaft von Donald Trump muss man hinzufügen, dass er in dieser Zeit gewaltigere Abrissarbeiten an der einstigen amerikanisch geprägten Weltordnung vorgenommen hat als Putin in den zwei Jahrzehnten seiner politischen Laufbahn in Moskau.

Großregionale Politik

Das innere Selbstverständnis Russlands, die Suche nach der russischen Nation und seine Rollenvorstellung in der internationalen Politik überschneiden sich in Russlands Politik ge-

genüber den ehemaligen Sowjetrepubliken. Der Begriff post-
sowjetischer Länder bringt zum Ausdruck, dass 1991 15 neue
Staaten aus der aufgelösten Sowjetunion hervorgegangen sind.
Diese 15 Länder bilden jedoch keine postsowjetische Region – zu groß sind die Unterschiede zwischen einzelnen Län-
dergruppen. Estland, Lettland und Litauen sind der EU und
der NATO beigetreten. Moldawien, die Ukraine und Georgien suchen eine möglichst enge Anbindung an die EU und
streben einen NATO-Beitritt an, ohne in beiden Organisationen Aussicht auf eine Mitgliedschaft zu haben. Kasachstan,
Turkmenistan, Usbekistan, Tadschikistan und Kirgisistan befinden sich in einer Region, in der sich russische und chinesische Interessen überschneiden. Zwischen Armenien und
Aserbajdschan steht der nach wie vor ungelöste Konflikt
um die armenische Exklave Berg-Karabach in Aserbajdschan.
Beide Länder erhalten Waffenlieferungen aus Russland. Belarus ist durch einen Unionsvertrag mit Russland verbunden.

Unmittelbar nach dem Ende der Sowjetunion stand die Gemeinschaft Unabhängiger Staaten (GUS) als institutioneller
Rahmen für Russlands Beziehungen zu den übrigen postsowjetischen Staaten zur Verfügung. Die GUS war 1991 aus dem
Ringen zwischen Gorbatschow und den Unionsrepubliken
der Sowjetunion um eine Erneuerung der Union entstanden.
Am 8. Dezember 1991 hatten Russland, die Ukraine und Belarus die GUS gegründet. Am 21. Dezember 1991 waren ihr
Moldawien, Aserbajdschan, Armenien, Kasachstan, Turkmenistan, Kirgisistan, Tadschikistan und Usbekistan beigetreten.[91] 1992 waren die Kommunikationen in der GUS von
einer sowjetisch erscheinenden Konzentration auf Moskau als
Haupt geprägt, ohne dass es einen gezielten russischen Versuch gegeben hätte, diese Rolle zu spielen. Boris Jelzin genoss
die Aufmerksamkeit der Staatsoberhäupter der übrigen Mitgliedsstaaten in der GUS, ging aber rasch dazu über, bilateral

in der postsowjetischen Region zu agieren. Unter den bilateralen Verträgen, die Jelzin für Russland aushandelte, ragt der 1997 mit Belarus geschlossene Bund heraus.[92] So wurde die GUS zu einem Rahmen, den ihre Mitgliedsstaaten kaum mit Kooperation und Inhalt füllten.

Russlands Position in der GUS ist von der gleichen Problematik gekennzeichnet wie Russlands Rolle beim jüngsten Aufbau der Eurasischen Wirtschaftsunion. Sie unterscheidet sich von den Ausgangsbedingungen anderer postimperialer Zentren wie Paris und London bei der Ausgestaltung ihrer Rolle in der Europäischen Gemeinschaft nach dem Zweiten Weltkrieg. Im Projekt der europäischen Integration trafen mehrere große und kleine postimperiale und einige kleinere Länder ohne imperiale Vergangenheit aufeinander. Blickt man auf den gescheiterten nationalsozialistischen Versuch einer Imperiumsbildung im Zweiten Weltkrieg und auf die globale Dekolonisation bis ca. 1970, so erscheint die europäische Integration als ein Zusammenkommen vieler postimperialer Staaten: Allein unter den Gründungsmitgliedern sind hier Deutschland, Frankreich, Italien, die Niederlande und Belgien zu nennen. Mit Großbritannien trat 1973 ein weiterer postimperialer Staat der Europäischen Gemeinschaft bei. An die Stelle von Staaten- und Vernichtungskriegen auf dem Kontinent und kolonialem Besitz in Übersee trat ein vollkommen neues europäisches Projekt.

Es ist für Russland mindestens eine große Herausforderung oder sogar kaum möglich, in der Geschichte der europäischen Integration nach 1945 ein Lernmodell für den eigenen Umgang mit den postsowjetischen Staaten zu sehen. Im Kreis der GUS findet Moskau keine anderen postimperialen Zentren, sondern ausschließlich Länder, deren Unabhängigkeit aus der Emanzipation aus dem von Moskau geführten sowjetischen Imperium resultiert. Aus Sicht der übrigen 14 GUS-Länder

hätte in den 1990er Jahren jeder Moskauer Integrationsansatz
wie ein Versuch zur Wiederherstellung des Imperiums wirken
müssen.[93]

Russlands Projekt der Eurasischen Wirtschaftsunion versucht, diesen Umständen Rechnung zu tragen, und entkommt
dabei doch nicht der geschilderten Problematik. Die Eurasische Wirtschaftsunion wurde am 29. Mai 2014 gegründet.[94]
Zu ihren Gründungsmitgliedern zählen Russland, Belarus
und Kasachstan. Später beigetreten sind Kirgisistan und Armenien. Die Mitgliedschaft der Ukraine hatte Moskau fest
eingeplant. Nach den Ereignissen von 2014 ist sie jedoch defi-
nitiv ausgeschlossen. Der Gedanke, einen supranationalen
ökonomischen Raum zum Vorteil aller Mitglieder zu schaffen, erinnert an die ökonomischen Anfänge der Europäischen
Wirtschaftsgemeinschaft und erscheint als eine überzeugende
Idee.[95] Die große Zukunftsfrage an die Eurasische Wirtschaftsunion ist, ob es der Moskauer Politik gelingen wird, die
übrigen Mitglieder mit kooperativen Abstimmungsprozessen
langfristig vom Funktionieren der Eurasischen Wirtschaftsunion zu überzeugen. In Reaktionen aus den belarusischen
und kasachischen Hauptstädten Minsk und Astana kommt
immer wieder Kritik an Moskaus selbstbewusster Interpre-
tation seiner Führungsrolle in der Eurasischen Wirtschaftsunion zum Ausdruck.[96] In deutschsprachige politikwissen-
schaftliche Konzeptionen übersetzt, erinnert das Agieren
Russlands in der Eurasischen Union mehr an Carl Schmitts
Großraumordnung mit Interventionsverbot für raumfremde
Mächte als an Herfried Münklers Ausführungen über die
Macht in der Mitte.[97]

Eingefrorene Konflikte

In den Regionen sogenannter eingefrorener Konflikte kommt die Überlagerung von Vorstellungen der russischen Nation, Russlands angestrebter Rolle in der Welt und Versuchen einer partiellen Reintegration des ehemaligen imperialen Raums besonders deutlich zum Ausdruck. Die aktuelle Karte dieser Konflikte scheint auf den ersten Blick ein Muster zu offenbaren: Transnistrien, Abchasien, Südossetien, die Krim und der Donbas wirken wie Hebel, die Moskau geschaffen hat, um Moldawien, Georgien und die Ukraine zu destabilisieren und von einer weiteren Annäherung an die EU und einem Beitritt zur NATO abzuhalten. Darin steckt ein Körnchen Erkenntnis. Gleichzeitig übersieht dieser Blick aus der Vogelperspektive auf die Konfliktregionen jedoch Unterschiede der Konfliktgenese und -konstellation. Das militärische Engagement Russlands in Transnistrien entspringt einer Friedensmission, die nötig wurde, als es in den frühen 1990er Jahren zu interethnischer Gewalt in der Region gekommen war. Interethnische Gewalt in Abchasien und Südossetien in den frühen 1990er Jahren war gleichfalls der Anlass, dort russisches Militär als Friedenstruppen einzusetzen. Das militärische Eingreifen Russlands in Südossetien im Fünftagekrieg mit Georgien 2008 erfolgte, als der georgische Präsident Michail Saakaschwili sich in einem Moment der Stärke wähnte, der es ihm vermeintlich erlaubte, mit militärischen Mitteln die Einheitlichkeit des georgischen Nationalstaats in Südossetien wiederherzustellen. Russlands Reaktion hat diese Unbedachtheit Saakaschwilis ausgenutzt. Russlands Annexion der Krim 2014 und sein verdeckter Krieg im Donbas gegen die Ukraine unterscheiden sich von der russischen Involvierung in Transnistrien und Georgien durch eine vielfache Überlagerung von verschiedenen russischen Motiven und Interessen. Im Gegensatz zu allen übrigen genannten Konfliktregionen besitzt die Krim einen hohen emotionalen Stellenwert in der Erinnerungskultur der russischen Nation. Die russische Intervention auf der Krim gab zwar vor, Russen vor Russophobie zu schützen, hat ihre tiefer liegenden Motive jedoch in der Destabilisierung der Ukraine, um ihre Annäherung an die NATO und die EU zu unterbinden und um ein weiteres Beispiel einer geglückten Revolution in der Nachbarschaft Russlands zu verhindern. Auch die Ablenkung eines rechten, militanten Patriotismus aus dem Landesinneren in das Ausland ist eine Folge des russischen Engagements in der Ukraine, die bei einer Differenzierung der genannten Konfliktregionen zu berücksichtigen ist. Eine Unschärfe des Begriffes vom eingefrorenen Konflikt liegt zudem in der Suggestion, es handele sich um kalte, still gestellte Konflikte. Das trifft nicht auf alle fraglichen Fälle zu. Im Donbas wird ungeachtet des Minsker Abkommens und der OSZE-Beobachtermission an der Frontlinie gekämpft. Seit Beginn der Kämpfe im Frühjahr 2014 haben sie über 10 000 Menschenleben im Donbas gekostet.

Moldawien/Transnistrien

Wie auch in den übrigen Sowjetrepubliken bildete sich in der Moldawischen SSR 1989/90 eine nationale, in diesem Fall rumänischsprachige Bewegung, die die staatlichen Institutionen durchdrang.[98] Moldawiens Streben nach Unabhängigkeit warf die Frage nach einer Vereinigung mit dem westlichen Nachbarland Rumänien auf und führte zu einer Gegenmobilisierung der Russen und Ukrainer in Transnistrien im Osten und der Gagausen im Süden Moldawiens. Aus dem Nationalitätenkonflikt wurden Territorialkonflikte. Die Regierung in

Chișinău strebte einen administrativ einheitlichen Nationalstaat an, den die Minderheiten im Süden und Osten ablehnten.
1990 riefen die Gagausen eine eigene Republik aus, und die
Russen und Ukrainer, die seit den 1960er Jahren in die Indus-
triestädte links des Dnjestr migriert waren und dort gemeinsam fast 50 Prozent der Bevölkerung ausmachten, bildeten
die Sowjetrepublik Dnjestr. Die Konfliktlinien waren 1991 in
Moldawien nicht zu übersehen: In der Moldawischen Sowjetrepublik beteiligten sich im März 1991 allein Gagausen,
Russen und Ukrainer am Referendum über den Fortbestand
einer erneuerten Sowjetunion und stimmten mehrheitlich dafür. Während die Regierung in Chișinău den Putsch vom
19. August 1991 scharf verurteilte, stieß er auf Zustimmung
unter den Führern der Gagausen, Russen und Ukrainer. Die
Regierung in Chișinău und die Bewegungen der Gagausen,
Russen und Ukrainer konkurrierten um die Loyalität sowjetischer Polizei und Armee. Arbeiter- und Volksmilizen bildeten sich. 1991 eskalierte der Konflikt. Es gab Tote zu beklagen. Die sowjetische 14. Armee stellte sich auf die Seite der
Dnjestr-Republik in Transnistrien. Im Dezember 1991 erga-
ben Präsidialwahlen und Referenden der Gagausen und in
Transnistrien überwältigende Mehrheiten für die Selbständigkeit der Regionen.

1992 internationalisierte sich der Konflikt. Aus Transnistrien erreichten Flüchtlinge das ukrainische Odessa. Die
Ukraine beklagte, in den Konflikt hineingezogen zu werden.
Aus Russland bewegten sich Kosaken aus dem Nordkaukasus
und vom Don nach Transnistrien zur Unterstützung der dor-
tigen Unabhängigkeitsbewegung. Die junge GUS verfügte
weder über Institutionen noch über die nötige Erfahrung zur
Moderation des Konfliktes. Die russische Politik wiederum
folgte zunächst unterschiedlichen Logiken. Der russische Vize-
präsident Alexander Ruzkoj sah im Schutz von Russen in ehe-

maligen Sowjetrepubliken eine zentrale Aufgabe russischer Politik und stattete Transnistrien einen Solidaritätsbesuch ab. Der russische Außenminister Andrej Kosyrjew hingegen plädierte, Russland solle sich nicht in die inneren Angelegenheiten anderer Staaten hineinziehen lassen. Präsident Jelzin wiederum gliederte die Truppen der ehemaligen 14. sowjetischen Armee in die Streitkräfte Russlands ein, um sie aus dem Konflikt herauszuhalten. Im Juni 1992 jedoch trafen moldawische Verbände in der Stadt Bendery auf die russischen Truppen und die Nationalgarde Transnistriens. Eine Beruhigung des Konflikts wurde unausweichlich. Der moldawische Präsident Mircea Snegur und Boris Jelzin kamen überein, eine Friedenstruppe am Dnjestr zu stationieren, die sich aus russischen, moldawischen und transnistrischen Einheiten zusammensetzte. Bis heute sind russische Verbände als Teil der Friedenstruppe in dem sich selbst Pridnestrowische Moldawische Republik nennenden Transnistrien stationiert. Die Republik ist von keinem anderen Staat und von keiner internationalen Organisation als Staat anerkannt.[99]

Georgien, Abchasien, Südossetien

Neben den baltischen Sowjetrepubliken Estland, Lettland und Litauen formulierten politische und kulturelle Eliten der georgischen Sowjetrepublik in den späten 1980er Jahren am deutlichsten den Wunsch nach vollkommener Unabhängigkeit Georgiens von der Sowjetunion. Die Gewalt sowjetischer Truppen gegenüber friedlichen Demonstranten am 9. April 1989 in der Hauptstadt Tbilisi, die zu Todesopfern und Verletzten führte, bedeutete den Verlust jeglicher Legitimität und politischer Macht der Kommunistischen Partei in Georgien. An der Spitze der georgischen Unabhängigkeitsbewegung stand der Schriftsteller und Dissident Swiad Gamsachurdia, der 1990 zunächst zum Parlamentspräsidenten und im Mai 1991 zum Staatspräsidenten Georgiens gewählt wurde. Gamsachurdia agierte auf einem politischen Feld, auf dem sich alle denkbaren Konfliktlinien des sowjetischen Erbes überkreuzten. Die Republikhauptstadt Tbilisi stand in einer Auseinandersetzung mit der sowjetischen Zentrale in Moskau. Der sich aus der Sowjetrepublik bildende georgische Staat stand vor der Aufgabe, sein Verhältnis zu territorialen Einheiten in Georgien wie der Autonomen Republik Abchasien und dem Autonomen Gebiet Südossetien zu bestimmen, die die Sowjetunion in den 1920er und 1930er Jahren eingerichtet hatte. Die territorial-administrativen Fragen waren mit Nationalitätenfragen nach dem Verhältnis zwischen Georgiern, Abchasen und Osseten verknüpft. Als die Sowjetunion ihrem Ende entgegenging, gehörten 70 Prozent der Bewohner in der georgischen Sowjetrepublik der Titularnation der Georgier an. Innerhalb kürzester Zeit hatte es Gamsachurdia vollbracht, mit einem neuen zentralisierenden Kurs sowohl die georgische Opposition als auch die Nationalitäten Georgiens gegen sich aufzubringen. Zu Beginn des Jahres 1992 befand Georgien sich in einem Bürgerkrieg, und Gamsachurdia sah sich genötigt, das Land zu verlassen, ohne jedoch seinen Herrschaftsanspruch aufzugeben. Das Jahr 1992 brachte den ehemaligen sowjetischen Außenminister Eduard Schewardnadse an die Macht in Georgien – zunächst an der Spitze des regierenden Staatsrats und schließlich am 11. Oktober 1992 als Gewinner einer neuen Parlamentswahl. Doch auch Schewardnadses Neubeginn in Georgien stand von Anfang an unter einem ungünstigen Stern. In Abchasien hatte Schewardnadse rücksichtslos das Militär eingesetzt, um den Anspruch der Hauptstadt Tbilisi auf einen geeinten georgischen Nationalstaat durchzusetzen. Zum sowjetischen Erbe Georgiens

und der Übergangszeit in die Unabhängigkeit des Landes gehörten massiv zugespitzte Nationalitätenkonflikte.[100]

Bereits 1989 hatte Tbilisi ein Gesetz verabschiedet, das
Georgisch an allen Schulen des Landes zu einem Pflichtfach
erklärte. Kaum zum Präsidenten Georgiens gewählt, hatte
Gamsachurdia im Juni 1991 die abchasische territoriale Autonomie zu einer kulturellen Autonomie herabgestuft. Der
Oberste Sowjet Abchasiens in Suchumi berief sich 1992 auf
die abchasische Verfassung von 1925, der die Unabhängigkeit
Abchasiens von Georgien zugrunde gelegen hatte. Daraufhin
intervenierte georgisches Militär in Abchasien und sah sich
dort einem Partisanenkrieg ausgesetzt. Ganz ähnlich entwickelte sich das Verhältnis Georgiens zu den Osseten auf
seinem Territorium. Südossetien hatte sich 1990 zu einer Sowjetrepublik erklärt, um sich der nationalisierenden Politik
Georgiens zu entziehen. Der Konflikt eskalierte, forderte in
den frühen 1990er Jahren 700 Todesopfer und konnte 1992
allein durch die Installation einer Friedenstruppe unter der
Beteiligung Russlands ruhiggestellt werden.[101] Das Verhältnis
Russlands zu Georgien war in den 1990er Jahren über diese
Nationalitätenfragen hinaus dadurch belastet, dass Georgien
eine Mitgliedschaft in der NATO anstrebte und in der Auseinandersetzung mit Russland tschetschenische Kämpfer sich
auf das Territorium Georgiens, ins Pankisi-Tal, zurückgezo-
gen hatten.[102]

Nach der Rosen-Revolution, die 2003 in Georgien Schewardnadse die Präsidentschaft kostete und Michail Saakaschwili an die Macht brachte, hatte Putin den Eindruck, mit
dem neuen georgischen Präsidenten ein gutes Verhältnis auf-
bauen und mit ihm gemeinsam Politik betreiben zu können.
Im April 2004 unterstützte Putin Saakaschwili darin, sich
eines lokalen Warlords in der autonomen Republik Adscha-
rien zu entledigen und dort die volle Kontrolle Tbilisis wie-

derherzustellen. Saakaschwili sah darin nur den Auftakt, die volle georgische Kontrolle über Abchasien und Südossetien zu erwirken, deren Autonomie und Unabhängigkeitsstreben auf die sowjetische Nationalitätenpolitik und die Zeit der Perestrojka zurückging. Putin sagte Hilfe bei einem Konfliktmanagement Schritt für Schritt zu, Saakaschwili strebte jedoch rasche und vollumfassende Lösungen im Sinne eines homogenen georgischen Nationalstaats an. Im August 2004 befahl er eine Polizeiaktion gegen Schmuggler in Südossetien und begab sich dabei persönlich nach Tschinvali. Die Situation eskalierte, und es kam zu Kämpfen. Putin zeigte sich verärgert und brach den Draht zu Saakaschwili ab.[103]

Darauf folgten rasche Eskalationen im georgisch-russischen Verhältnis. Russland setzte seine Praxis fort, russische Pässe in Abchasien und Südossetien zu verteilen, um aus humanitären Gründen Menschen aus den Regionen Reisen nach Russland zu ermöglichen, wie es offiziell aus Moskau hieß. Georgien sah darin eine Einmischung in seine inneren Angelegenheiten und reagierte mit einem Prozess gegen mehrere Russen, gegen die der Vorwurf der Spionage erhoben wurde. Russland antwortete mit einem Bündel von Gegenmaßnahmen: Der russische Botschafter wurde nach Moskau zurückberufen. Ein Embargo wurde gegen Weine und Wasser aus Georgien verhängt. Der Reiseverkehr zur See und zur Luft und der Postverkehr wurden eingestellt. Georgische Arbeitnehmer in Russland konnten kein Geld mehr an ihre Familien in Georgien überweisen. Viele von ihnen wurden angeklagt, sich illegal in Russland aufzuhalten, und nach Georgien ausgewiesen. Russland verfügte zwar noch über eine aus sowjetischer Zeit herrührende geringe Truppenpräsenz in Tbilisi, sah jedoch von einer gewaltsamen Befreiung der angeklagten Russen ab. Die USA vermittelten eine Rückkehr der angeklagten Russen nach Russland.[104]

Schließlich setzte Russland seinen Truppenabzug aus Georgien fort und unterhielt allein noch auf Grundlage der Abkommen von 1992 und 1994 Friedenstruppen in Südossetien und Abchasien. Seinen Abzug aus dem Land verband Russland mit der Erwartung, dass Georgien keine fremden Truppen auf seinem Territorium stationieren oder einem Militärbündnis beitreten würde. Saakaschwili verweigerte sich jedoch dem Wunsch Russlands, einen dauerhaften neutralen Status Georgiens festzuschreiben. Von einem NATO-Beitritt Georgiens befürchtete Russland einen Dominoeffekt in Armenien und Aserbajdschan. Der Transkaukasus und die Schwarzmeerregion brächten die NATO in unmittelbare Nachbarschaft zu Russlands Süden. Zugleich wäre der Korridor für Energielinien vom Kaspischen Meer bis nach Europa unter der Kontrolle der NATO. Um dieses Szenario zu verhindern, kehrte 2007 der Botschafter Russlands nach Georgien mit einem Vorschlag im Gepäck zurück: Gegen russische Unterstützung bei der Lösung der Abchasien- und Südossetien-Frage sollte Georgien dauerhafte Neutralität und damit verbunden den Verzicht auf einen NATO-Beitritt zusagen. Es blieb bei einem Vorschlag.[105]

2008 spitzte sich die Situation um Abchasien und Südossetien zu. Gewaltsame Auseinandersetzungen wurden berichtet, es gab Erkundungsflüge von Drohnen und wechselseitige Anklagen der Spionage. Im April 2008 offenbarte der NATO-Gipfel in Bukarest ein Aufeinanderprallen amerikanischer und russischer Geopolitik. George W. Bush zielte darauf ab, seine zweite Präsidentschaft 2008 im Zeichen der globalen Förderung von Demokratie unter dem Schirm der NATO ausklingen zu lassen. Die Präsidenten Georgiens und der Ukraine Saakaschwili und Juschtschenko stiegen in dieses Szenario ein, um NATO-Beitritte ihrer Länder vorzubereiten. Am letzten Tag des Bukarester Gipfels machte Putin als Gast

der NATO deutlich, dass Russland NATO-Beitritte Georgiens und der Ukraine als Überschreiten einer roten Linie
betrachten werde.[106] Nach dem Bukarester NATO-Gipfel
nahmen Putin und sein Umfeld signifikante Änderungen ihrer
Perspektive auf die Ukraine vor. Hatte bislang im Kreml die
Ansicht geherrscht, man müsse sich mit der Ukraine befassen,
um sie nicht für ein enges Verhältnis mit Russland zu verlie-
ren, so etablierte sich nun eine Sichtweise, die den Erwerb der
Krim für den Fall eines ukrainischen Beitritts zur NATO
anvisierte.[107] Im russisch-georgischen Verhältnis antizipierten
im Frühsommer 2008 die Akteure eine weitere NATO-Zu-
sammenkunft, die für den Dezember 2008 anberaumt war, als
Zeitpunkt einer Entscheidung. Georgien und Russland adres-
sierten ihre Botschaften beide an ein westliches Publikum:
Georgien inszenierte sich als Frontstaat bei der Verteidigung
des Westens und wollte den Europäern Russland als eine
revisionistische und aggressive Großmacht erscheinen lassen.
Russland präsentierte den Amerikanern Saakaschwili als un-
berechenbaren Heißsporn und Quelle regionaler Instabilität.
Es unterstützte Abchasien und Südossetien mit Waffen und
stärkte seine infrastrukturellen und kommunikativen Verbindungen zu beiden Gebieten. Zugleich ging Russland davon
aus, dass die USA Saakaschwili im Zaum halten würden. Saakaschwilis Kalkül hingegen war es, Südossetien in einem
Überraschungscoup zurückzugewinnen und anschließend
den Konflikt um Abchasien zu internationalisieren und Russland dabei als ineffektive Friedensmacht erscheinen zu lassen.[108]

Zum Krieg kam es schließlich am 7./8. August 2008, nachdem georgische Truppen die militärische Auseinandersetzung
eröffnet hatten, wie später eine internationale Fact-finding-
Mission feststellte.[109] Erst nachdem Georgien seine militärische Aktion zur Rückgewinnung Südossetiens gestartet hatte,

setzte Russland sein Militär durch den Roki-Tunnel auf georgisches Territorium in Bewegung. Mit Sicherheit hatte Russland sich gezielt auf diese Intervention vorbereitet. Die frei-
giebige Ausgabe russischer Pässe in der Konfliktregion und
die starke Konzentration militärischer Kräfte an der Grenze
zu Georgien deuten darauf hin. Jedoch hat Russland nicht als
Erstes geschossen, so dass Saakaschwili sich nicht als Verteidi-
ger gegen einen russischen Angriffskrieg darstellen kann.

Den Fünftagekrieg führte Russland in der Annahme, dass
Georgien als Stellvertreter der USA handelte. Seit dem Ende
des Krieges, das unter Vermittlung des französischen Präsidenten Nicolas Sarkozy, der die Ratspräsidentschaft der EU
innehatte, zustande kam, ist der Konflikt neuerlich eingefro-
ren. Russland hat nach dem Krieg Südossetien und Abchasien
als unabhängige Staaten anerkannt und Militäreinheiten dort
stationiert. Zu Gewalt ist es kaum noch gekommen. Hochge-
rüstete Demarkationslinien durchschneiden jedoch Dörfer
und den Alltag der Menschen dort. Eine diplomatische Nie-
derlage Russlands liegt darin, dass weder die zentralasiatischen Staaten noch Belarus dem Wunsch Russlands nachka-
men, Abchasien und Südossetien als Staaten anzuerkennen.[110]
Moskau war sehr bemüht, den Fünftagekrieg in Georgien als
Sonderfall und nicht als zukunftsweisenden Trend erscheinen
zu lassen. Rasch folgte eine Moskauer Vermittlung zwischen
Armenien und Aserbajdschan im Konflikt um Berg-Kara-
bach, um Russland als wohlwollenden Schiedsrichter in der
Region zu zeigen. Jedoch waren bereits nach 2008 russische
Einschätzungen zu hören, dass auf der Krim ähnlich wie in
Transnistrien, Abchasien und Südossetien ein eingefrorener
Regionalkonflikt entstehen könnte, um Instrumente gegen
NATO-Beitritte in der Region in der Hand zu haben.[111]

Ukraine, Krim, Donbas

Als die Präsidenten Jelzin und Krawtschuk im Dezember 1991 die Auflösung der Sowjetunion beschlossen und Russland und die Ukraine in die Unabhängigkeit führten, hatten sie die Vorstellungskraft vieler Russen überfordert. Der Literaturnobelpreisträger Alexander Solschenizyn merkte an, Staatsgrenzen ließen sich von einem auf den anderen Tag auf der Landkarte neu zeichnen, die über Jahrhunderte gewachsenen Familienbande zwischen Russen und Ukrainern aber nicht mit einem Schnitt durchtrennen.[112]

Die Familienbande zwischen Russen und Ukrainern hatten sich über Jahrhunderte erst im staatlichen Rahmen des Zarenreiches von 1654 bis 1917 und dann in der Sowjetunion von 1921/22 bis 1991 entwickelt. Sie waren von Nähe und Abgrenzung, Kooperation und Konflikt gekennzeichnet. Bereits dem Vertrag, den die ukrainischen Kosaken unter ihrem Hetman Bohdan Chmel'nyts'kyi 1654 zu Perejaslaw mit dem Moskauer Zaren Alexej Michajlowitsch geschlossen hatten, lagen unterschiedliche Auffassungen zugrunde. Die ukrainischen Kosaken sahen darin einen Bündnisvertrag unter Gleichen, der von beiden Seiten jederzeit aufgelöst werden könnte. Die Moskauer Zaren lasen den Vertrag als ein ewig gültiges Dokument ukrainischer Unterwerfung unter die Herrschaft Russlands. Von 1654 bis 1764 genossen die ukrainischen Kosaken eine weitreichende Autonomie in ihrem Hetmanat innerhalb des Zarenreiches.[113] Ukrainer waren zahlreich in der Elite des Russländischen Reiches vertreten, die unter Peter dem Großen und seinen Nachfolgern die Öffnung Russlands nach Europa vorantrieb.[114] Als Katharina die Große 1764 das Hetmanat auflöste, verband sie dies mit der Vorstellung, die Ukrainer sollten russische Sitten und Gebräuche annehmen (*obruset'*).[115]

Diese Erwartungshaltung sollte sich nicht erfüllen. Ganz im Gegenteil stand das 19. Jahrhundert im Zeichen eines scharfen Konflikts zwischen der Reichszentrale und der russischen und ukrainischen Nationsbildung. Einer großrussischen Auffassung zufolge galten Ukrainer und Belarusen als kleine Brüder mit sprachlichen Regionaldialekten einer großen russischen Nation.[116] Die kulturelle Nationsbildung der Ukrainer war jedoch nicht zu übersehen. Seit der Mitte des 19. Jahrhunderts lag die ukrainische Übersetzung des Neuen Testaments vor. Taras Schewtschenkos Dichtung und Literatur dokumentierte den Status des Ukrainischen als Hochsprache. Den großen Synthesen russischer Geschichte vom Mittelalter bis zum 19. Jahrhundert von Sergej Solowjow und Wasilij Kljutschewskij setzte ab den späten 1890er Jahren an der Universität Lemberg und dann ab den 1920er Jahren an der Ukrainischen Akademie der Wissenschaften in Kiew Mychajlo Hruschews'kyj eine Synthese ukrainischer Geschichte entgegen. Darin sprach Hruschews'kyj den Russen den Anspruch auf das Erbe des mittelalterlichen Kiewer Reiches ab und reklamierte es exklusiv für die ukrainische Nationalgeschichte.[117] Der russisch-ukrainische Streit um das Kiewer Erbe ähnelte der deutsch-französischen Konkurrenz um die Aneignung Karls des Großen und seines Frankenreiches für die eigene Nationalgeschichte. Mit einem Verbot ukrainischer Druckschriften ab 1876 versuchte die Regierung in St. Petersburg, die soziale Breitenwirkung der ukrainischen Nationalbewegung zu beschränken. Nichtsdestoweniger fand sich im ersten Parlament des Zarenreiches, der Duma, ab 1907 eine Reihe von Abgeordneten zu einem ukrainischen Kreis zusammen.

Nach der Gründung der Sowjetunion 1922 fand in der Ukrainischen Sowjetrepublik im Stil von *affirmative action* eine bewusste Förderung des Ukrainischen und unter dem Leitsatz «national in der Form, sozialistisch im Inhalt» die Aus-

bildung einer sowjetukrainischen Nation statt.[118] Zu einer neuerlichen Repression der ukrainischen Nation kam es, als Stalin
in den späten 1920er Jahren als vermeintliche Saboteure des
ersten Fünfjahresplanes auch Nationalitäten in der Sowjetunion ins Visier nahm. Die Repressionen bekamen die ukrainischen Parteikader und schließlich die ganze Bevölkerung
der Ukraine zu spüren. Die unbarmherzige Kollektivierung
der Landwirtschaft forderte in der Ukraine Millionen Tote.
Zweifellos handelte sich um ein Massenverbrechen Stalins an
der Bevölkerung in der Sowjetukraine. Soziale und nationale
Faktoren flossen dabei in Stalins Kalkül ineinander. Die Rede
vom Genozid am ukrainischen Volk, die die ukrainische Erin-
nerung an den Holodomor (Hungertod) prägt, übersieht jedoch zweierlei. Zu den massenhaften Opfern der Kollektivierung der Landwirtschaft zählten auch Russen und Kasachen.
Und nach dem Zweiten Weltkrieg nahmen die Sowjetukraine
und sowjetukrainische Kader neben den Russen und in sowjetisch abgesteckten Bahnen den Rang einer secunda inter
pares in der Administration der Sowjetunion ein.[119]

Diese lange und verflochtene russisch-ukrainische Geschichte ist auch nach 1991 in den Köpfen der Menschen präsent gewesen. Sie verleiht dem russisch-ukrainischen Verhältnis eine besondere historische Tiefendimension, die sich aus
der Gegenwart der Beziehungen zwischen Russland und der
Ukraine, Russen und Ukrainern nicht ausblenden lässt. Im
Verlauf der 1990er Jahre schien jedoch in der Politik das Zu-
trauen in die getrennte staatliche Existenz Russlands und der
Ukraine zu wachsen. Das Budapester Memorandum von 1994
hielt fest, dass die Ukraine ihr sowjetisches Atomwaffenar-
senal an Russland abgibt, das sich wiederum zur territorialen
Unversehrtheit der Ukraine bekannte. 1997 schlossen beide
Länder einen Grenz- und Freundschaftsvertrag. Doch in den
Köpfen mancher Russen blieb die staatliche Trennung eine

unverständliche Laune der Geschichte, blieben die Ukrainer die kleinen Brüder der Russen.[120] Diese Wahrnehmung spiegelt sich auch in den länderspezifischen Zuständigkeiten des Regierungsapparats in Moskau. Während das Außenministerium prinzipiell für die Beziehungen Russlands zu anderen Staaten zuständig ist, beginnt diese institutionelle Zuständigkeit erst jenseits der Grenzen der GUS. Die Zuständigkeit für die GUS-Staaten ist 1991 in der Präsidialadministration verblieben. So war auch für die Beziehungen zur Ukraine nicht der Außenminister, sondern der Präsident Russlands zuständig.[121]

Die Präsidenten der Ukraine Leonid Krawtschuk, Leonid Kutschma und auch Viktor Janukowitsch haben die ukrainische Außenpolitik gegenüber Russland und Europa in einem Schaukelkurs im Gleichgewicht zu halten versucht. Die historische und geographische Nähe zu Russland und der Wunsch, Europa zuzugehören, bildeten zwei Pole dieser Politik. Eine Basis hatte diese Politik in Meinungsumfragen, die über die Jahrzehnte in der ukrainischen Bevölkerung eine Orientierung nach Europa, aber auch die Ablehnung einer Mitgliedschaft in der NATO zum Ausdruck brachten. Allein Präsident Viktor Juschtschenko verfolgte nach der Orangenen Revolution 2004 eine eindeutig proeuropäische Politik und artikulierte den Wunsch eines NATO-Beitritts der Ukraine. In seiner Geschichtspolitik hob Juschtschenko auf Ereignisse und Akteure der ukrainischen Nationalbewegung und die ukrainischen Opfer sowjetischer Repression, vor allem im Hungertod (Holodomor) während der Kollektivierung der Landwirtschaft, ab.[122]

Präsident Putin war in den frühen Nullerjahren der Auffassung, dass sich ein enges Verhältnis der Ukraine zu Russland mittels eines Moskau loyalen Präsidenten in Kiew garantieren lasse. Im ukrainischen Präsidentschaftswahlkampf von 2004 unterstützte Putin in vollkommener Offenheit den aus dem Osten der Ukraine stammenden Kandidaten Janukowitsch von der Partei der Regionen. Schon sah es so aus, als ob Janukowitsch und Putin ihren Sieg feiern könnten, als sich Demonstrationen in Kiew gegen die Fälschung der Wahl und einen gestohlenen Sieg des Kandidaten Juschtschenko wandten. Daraus entwickelte sich der Kiewer Majdan des Winters 2004. Es kam zu einer Wiederholung der Wahl, die Juschtschenko für sich entscheiden konnte. Erst bei der Präsidentschaftswahl 2010 war Janukowitsch ein Sieg vergönnt, nachdem viele Ukrainerinnen und Ukrainer sich, enttäuscht vom Zwist zwischen Juschtschenko und der Premierministerin Julia Timoschenko, abgewandt hatten und zudem ernüchtert darüber waren, dass eine spürbare Verbesserung ihrer Lebensverhältnisse ausgeblieben war. Janukowitsch begab sich nun auf just jenen Slalomkurs ukrainischer Politik zwischen der EU und Russland, den bereits Krawtschuk und Kutschma verfolgt hatten. Die Assoziierungsgespräche mit der EU, die noch zur Zeit der Präsidentschaft Juschtschenkos 2008 begonnen hatten, setzte Janukowitsch fort. Zugleich nutzte er die Präsidentschaft, um den Reichtum der ukrainischen Oligarchen zu schützen und sich selber zu einem großen Vermögen und einer pompösen Residenz außerhalb Kiews in Meschyhirja zu verhelfen. Im Inneren verfolgte er einen autoritären Kurs, unter dem die Korruption blühte und der Journalismus und die Opposition mit zunehmenden Repressionen zu rechnen hatten. Seine schärfste politische Konkurrentin Julia Timoschenko fand sich in Haft wieder. Beide Kurse Janukowitschs – die äußere Pendelpolitik zwischen der EU und Russland und die korrupte und autoritäre Herrschaft im Inneren – scheiterten, als Janukowitsch vom Protest auf dem Majdan im November 2013 überrascht wurde. Die Demonstrationen auf dem Majdan verdeutlichten, wie Außen- und

Innenpolitik zusammenhingen. Der Wunsch, die Korruption zu bekämpfen und Rechtsstaatlichkeit und Demokratie im Inneren zu stärken, äußerte sich in Unterstützung des Assoziierungsabkommens mit der EU. Janukowitsch jedoch hatte zur allgemeinen Überraschung der EU auf dem Gipfel von Vilnius am 28./29. November 2013 seine Unterschrift unter das Dokument verweigert.

Als der ukrainische Journalist Mustafa Najem davon erfuhr, rief er in einem Post bei Facebook dazu auf, sich auf dem Kiewer Majdan zu versammeln. Daraus erwuchs eine mehrmonatige Versammlung und Demonstration auf dem Kiewer Unabhängigkeitsplatz, die unter dem Namen Euromajdan in die Geschichte eingehen sollte.[123] Der Majdan stellt eine neue Etappe in der Geschichte der ukrainischen Nationsbildung dar. Seit 1991 sah sich das Land mit Einschätzungen konfrontiert, in einen russischsprachigen orthodoxen Osten und einen ukrainischsprachigen uniert-katholischen Westen gespalten zu sein. Samuel Huntington hatte die Ukraine als ein Paradebeispiel für seine These künftiger Konflikte entlang der Grenzen von Zivilisationen angeführt.[124] Der Majdan zeigte eine andere Ukraine: Menschen aus Kiew, dem Osten und dem Westen des Landes, Jung und Alt kamen auf dem Majdan wie in einem Kosakenlager zusammen und diskutierten auf Ukrainisch und Russisch über die Zukunft des Landes. Die jüdischen Gemeinden der Ukraine unterstützten den Majdan, der ein Musterbeispiel zivilgesellschaftlicher Selbstorganisation abgab. Bewohner Kiews brachten Getränke und Nahrung, Afghanistan-Veteranen und, je stärker die Staatsmacht Polizei und Sondereinheiten konzentrierte, auch rechte Gruppierungen übernahmen den Schutz des Majdan. Auf dem Majdan artikulierte eine ukrainisch- und russischsprachige Staatsbürgernation den Wunsch nach Rechtsstaatlichkeit, Demokratie und Zugehörigkeit zu Europa. Janukowitsch

setzte Schläger (Tituschki) ein und zog ein zunehmend furcht-
einflößendes Aufgebot an Sondereinheiten (Berkut) in Kiew
zusammen. Der Majdan wich ihnen ebenso wenig, wie die
Winterkälte die Menschen auseinanderzutreiben vermochte.

Dieser demokratischen Erzählung des Majdan steht Putins
Sichtweise und die von russischen Staatsmedien verbreitete
These gegenüber, es habe sich beim Majdan um einen von der
CIA angeleiteten Protest gehandelt. Diese Darstellung über-
schätzt die Aussagekraft eines abgehörten Telefonats der amerikanischen Diplomatin Victoria Nuland, die darin über die
personelle Zusammensetzung einer neuen ukrainischen Regierung spricht, und unterschätzt die Dynamik des Majdan als
soziale Bewegung, wie sie auch aus anderen Revolutionen in
der Geschichte bekannt ist.[125]

Zu Beginn des Jahres 2014 spitzten sich die Ereignisse dramatisch zu. Janukowitschs Kalkül, mit der Einschränkung der
Versammlungsfreiheit und der Konzentration von Truppen
die Menschen einschüchtern und zur Aufgabe des Majdan be-
wegen zu können, war nicht aufgegangen. Unter bis heute un-
geklärten Umständen kam es in den Tagen vom 18. bis zum
20. Februar 2014 zu Schüssen von Scharfschützen und Dut-
zenden Toten auf dem Majdan.[126] Gedenkkreuze und Porträt-
bilder erinnern heute auf dem Majdan an die vielen, über-
wiegend jungen Menschen, die dort ihr Leben verloren.

Unter dem Eindruck der Gewalt versuchten die Außenminister Deutschlands, Polens und Frankreichs, Frank-Walter
Steinmeier, Radosław Sikorski und Laurent Fabius, eine Vermittlung zwischen Janukowitsch und der Opposition zu er-
zielen. Am 21. Februar 2014 unterschrieben Janukowitsch sowie Witalij Klitschko, Arsenij Jazenjuk und Oleh Tjahnybok
ein Abkommen, das eine Übergangsregierung und Neuwahlen vorsah. Auf dem Majdan stieß das Abkommen, das Janukowitsch zunächst im Amt des Präsidenten beließ, auf keine

Zustimmung. Am folgenden Tag stellte sich das Innenministerium auf die Seite der Opposition, und das Parlament erklärte den Präsidenten für abgesetzt. Janukowitsch verließ daraufhin die Ukraine und fand in Russland Zuflucht.

Die Aussicht auf Neuwahlen des Präsidenten und des Parlamentes noch im Jahr 2014 weckte die Hoffnung auf einen geglückten Übergang und eine Stabilisierung des Landes, die jedoch rasch enttäuscht werden sollte. Ein neues Gesetzesprojekt im Parlament, das dem Ukrainischen den exklusiven Status von Staats- und Verwaltungssprache zuschreiben wollte, trug zur inneren Polarisierung bei und rief Demonstrationen für und wider die Übergangsregierung im Osten des Landes hervor. In Simferopol besetzte eine Gruppe, die sich Selbstverteidigungskräfte der russischsprachigen Bevölkerung der Krim nannte, das Parlament und Regierungsgebäude der Autonomen Republik Krim. Beängstigend wirkte, dass ab dem 27. Februar 2014 uniformierte Soldaten ohne Hoheitsabzeichen strategische Punkte und Wege auf der Halbinsel Krim besetzten. Putin wies zunächst alle kritischen Fragen zu diesen sogenannten grünen Männchen zurück, um wenige Wochen später vorzutragen, dass es sich dabei selbstverständlich um Militär Russlands gehandelt habe.[127]

Am Tag, als die grünen Männchen auf der Krim auftauchten, bestimmte das von paramilitärischen Verbänden eingenommene Parlament der Krim in Simferopol Sergej Aksjonow zum neuen Ministerpräsidenten der Autonomen Republik. Für den 16. März 2014 wurde ein Referendum über den künftigen Status der Krim angesetzt. Zur Auswahl stand die Frage, ob die Krim der Russländischen Föderation beitreten oder zum Status der Verfassung der Republik Krim als Teil der Ukraine von 1992 zurückkehren solle. Der Status quo von 2014 stand nicht zur Wahl. Offiziellen Angaben zufolge sollen bei einer Wahlbeteiligung von 83,1 Prozent 93 Prozent der

Stimmen auf die erste Option, den Beitritt zur Russländischen Föderation, entfallen sein. Das Referendum fand ohne Wahlbeobachter internationaler Organisationen statt, und die Zahlenangaben gelten als fragwürdig. Unabhängig davon fand das Referendum unter der Präsenz von Besatzungstruppen statt und ist rechtlich gesehen als illegitim zu betrachten.[128] Nichtsdestoweniger diente es bei der eingangs des Buches wiedergegebenen Zeremonie im Moskauer Kreml als Grundlage für die sogenannte Eingliederung der Krim in die Russländische Föderation. Auch wenn dabei kein Schuss gefallen ist, lässt der massive Militäreinsatz Russlands keinen anderen Schluss zu, als den Vorgang als eine Annexion zu betrachten. Zum ersten Jahrestag des Ereignisses sendete das Russländische Staatsfernsehen eine Dokumentation aus Spielfilmsequenzen und Interviews, in denen auch Wladimir Putin ausführlich zu Wort kommt. Die Dokumentation trägt den Titel *Der Weg in die Heimat* (*put' na rodinu*) und stellt das Agieren Russlands in der Ukraine im Frühjahr 2014 als Reaktion auf eine angebliche Bedrohungslage russischsprachiger Menschen in dem Land dar. Den Weg Janukowitschs nach Russland zeichnet die Dokumentation als eine spektakuläre Rettungsaktion russischer Spezialkräfte, um ihn vor dem vermeintlich drohenden Schicksal zu retten, das anderen entmachteten Regierungschefs wie Ceauşescu und Gaddafi widerfahren war. Die Entschlossenheit Russlands bei der Aneignung der Krim bringt Putin in der Dokumentation zum Ausdruck, indem er sagt, er sei 2014 zur Rettung der Krim auch zur Aktivierung des russischen Atomwaffenarsenals bereit gewesen, falls eine militärische Intervention des Westens erfolgt wäre.[129]

Im Frühjahr 2014 stand zu befürchten, dass der Donbas einen ähnlichen Weg wie die Krim nehmen könnte. Auch hier folgte in Städten wie Donetsk und Luhansk auf lokale Demonstrationen rasch die Bildung von Bürgerwehren und paramilitärischen Verbänden, bis alsbald die Unterstützung durch das Militär Russlands nicht mehr zu übersehen war – auch wenn bis auf den heutigen Tag die Russländische Föderation jegliches militärisches Engagement im Donbas abstreitet. In Donetsk und Luhansk wurden sogenannte Volksrepubliken ausgerufen. Den Vormarsch der paramilitärischen Verbände nach Westen vermochte die reguläre ukrainische Armee allein nicht zu stoppen. Ukrainische Freiwilligenbataillone und Verbände rechter Gruppierungen leisteten im Frühjahr 2014 einen entscheidenden Beitrag, den Vormarsch separatistischer Einheiten auf die Schwarzmeerstadt Mariupol zu stoppen. Zwei große Schlachten demonstrierten die Kräfteverhältnisse im Donbas. Im August 2014 wäre es ukrainischen Verbänden in der Schlacht von Ilowajsk beinahe gelungen, die separatistischen Verbände zu besiegen. Der Einsatz russländischen Militärs hat hier das Blatt zugunsten der Separatisten gewendet. Im Januar und Februar 2015 zwangen Separatisten und das Militär Russlands in der Schlacht von Debalzewe die ukrainische Armee zu einem verlustreichen Rückzug.[130] Die Minsker Abkommen I und II aus den Jahren 2014 und 2015 definieren im Donbas eine Demarkationslinie, an der jedoch permanent Kämpfe und Verstöße gegen das Abkommen sowohl von ukrainischer als auch separatistischer Seite vorkommen. Der unerklärte Krieg im Donbas – die ukrainische Regierung spricht von einem Antiterroreinsatz, die russische Regierung ist ihrer eigenen Darstellung nach nicht Konfliktpartei – hat über 10000 Menschenleben gekostet.[131]

Die Annexion der Krim und der unerklärte Krieg im Donbas zumal tragen dazu bei, dass die Ukraine die Früchte ihrer politischen Entwicklung aus dem Winter 2013/14 nicht ernten kann. Trotz der russischen Destabilisierung des Landes ist es 2014 geglückt, freie Wahlen des Parlamentes und des Präsidenten in der Ukraine abzuhalten. Die rechten Gruppierungen wie etwa der Rechte Sektor haben dabei marginale Ergebnisse erzielt. Sie strafen alle Darstellungen russischer Propaganda Lügen, die die Ereignisse in der Ukraine 2014 als Umsturz einer faschistischen Junta darzustellen versuchen.[132] Gleichwohl muss allen Bezeichnungen des Majdan von 2013/14 als Revolution hinzugefügt werden, dass es sich um eine unvollendete Revolution handelt. Zur Ernüchterung von Aktivisten des Majdan wie Mustafa Najem und Serhij Leschtschenko, die 2014 in die Rada, das Parlament, gewählt wurden, hält Präsident Petro Poroschenko seine schützende Hand über die ukrainischen Oligarchen. Ihr Einfluss verhindert, dass die gesellschaftliche Pluralität der Ukraine sich in einen stabilen politischen Pluralismus übersetzt.[133]

Auch in Russland stellt sich die Frage, welche Auswirkungen die Annexion der Krim und der Krieg im Donbas auf die Stabilität von Regierung und Gesellschaft haben werden und welche Ziele mit diesen Schritten erreicht wurden. Eine Aufnahme der Ukraine in die NATO hat die Politik Russlands auf absehbare Zeit unwahrscheinlich gemacht. Staaten mit offenen Territorialkonflikten haben keine realistische Aussicht auf einen Beitritt zum transatlantischen Bündnis. Mit der annektierten Krim und dem unerklärten Krieg im Donbas ist die Ukraine gleich mit zwei Territorialkonflikten belastet. Putin kann das als Erfolg für sich verbuchen. Negativ schlägt für ihn jedoch zu Buche, dass die Ukraine ein Assoziierungsabkommen mit der EU geschlossen hat und somit für einen Beitritt zur Eurasischen Wirtschaftsunion nicht gewonnen werden kann. Innenpolitisch sind die Umfragewerte Putins nach der Annexion der Krim in die Höhe geschnellt. Die Welle patriotischer Begeisterung über den Gewinn der Krim ist jedoch in Russland abgeflaut. Aus dem Siegesruf «Die Krim ist unser» – «*Krym nasch*» haben kritische Beobachter mittlerweile das

Substantiv Krymnaschism als Bezeichnung für eine inhaltslos ins Leere laufende Welle der Expansionsbegeisterung abgeleitet.[134] Auch das Verhältnis Putins zur russischen Rechten bleibt nach der Annexion der Krim ambivalent. Die russische Rechte feierte die Annexion der Krim zunächst als russischen Frühling und sah darin nur den Auftakt zu einer russisch-nationalen Westexpansion. Eduard Limonow besuchte im November 2014 die Volksrepublik Luhansk und gab die Stadt Charkiw als ein lohnendes Ziel russischer Panzer aus. Im Frühjahr 2015 verlieh Limonow in seinem unter dem Titel *Kiew kaputt* veröffentlichten Tagebuch der Hoffnung Ausdruck, der Krieg im Donbas möge die Ukraine wie ein zu langes Baguette in zwei Teile auseinanderbrechen lassen. Der einzige Wermutstropfen des Jahres 2014 liegt für Limonow darin, dass Putin, den er aus einer rechten oppositionellen Haltung stets kritisiert hatte, sich mit der Annexion der Krim und dem Krieg im Donbas eine populäre und gesicherte Position erarbeitet habe.[135] Sachar Prilepin wiederum sah im Krieg im Donbas die Zeit gekommen, die Feder des Schriftstellers zur Seite zu legen und mit der Waffe in der Hand im Donbas für den russischen Frühling zu kämpfen. Sich selber bezeichnet er als einen Imperialisten.[136]

Doch bereits 2014 ist die Begeisterung der Rechten in Ernüchterung umgeschlagen. Igor Girkin, ein Veteran aus den Tschetschenienkriegen und ehemaliger Angehöriger des russischen Militärgeheimdienstes GRU, war 2014 einer der unter der nationalen Rechten populärsten Feldkommandeure bei der Annexion der Krim und der Entfesselung des Krieges im Donbas. Im Sommer 2014 wurde Girkin nach Russland zurückgerufen und hat Putin darauf des Verrats an der russischen Sache geziehen. Russische Freiwillige und Milizen hatten im Frühjahr 2014 den Plan verfolgt, die Expansion weiter nach Westen fortzusetzen. Ihr Projekt hieß Neurussland (*No-*

vorossija) in Anlehnung an eine territoriale Verwaltungseinheit des Russländischen Reiches, die Katharina die Große nach der Annexion der Krim 1783 an der nördlichen Schwarzmeerküste errichtet hatte.[137] Putins Abbruch des Projektes Novorossija zeigt seinen taktischen Umgang mit dem imperialen Erbe Russlands und der Sowjetunion. Er verfolgt keinen Maximalplan der Wiedergewinnung ehemals zarischer oder sowjetischer Territorien. Seine Unterstützung rechter russischer Gruppen ist situativ und partiell. Für die Annexion der Krim und die Destabilisierung des Donbas war sie ihm nützlich, auch als Abfuhr russischer, rechter oppositioneller Kräfte an die Peripherie. Eine dauerhafte und vorbehaltlose Unterstützung dieser Kräfte würde der Außenpolitik Russlands jedoch mehr Probleme als Vorteile bereiten.

Putin hatte gute Gründe, das Abenteuer des russischen Frühlings abzubrechen und es bei der Annexion der Krim und dem Krieg im Donbas zu belassen. Am 17. Juli 2014 haben dem Ergebnis einer internationalen Ermittlungskommission zufolge Separatisten im Donbas mittels einer Flugabwehrrakete des russländischen Militärs ein malaysisches Verkehrsflugzeug auf dem Flug MH 17 abgeschossen. Russische Versuche, die Ukrainer des Abschusses zu bezichtigen, haben bis heute mehrere nicht überzeugende Erklärungsversuche hervorgebracht.[138] Ein Indiz, dass die russische Führung sich der Fragwürdigkeit ihrer Unterstützung der Separatisten im Donbas bewusst ist, liegt auch in der seit 2014 konsequent verfolgten Politik der Verheimlichung von Verlusten. Noch bevor er am 27. Februar 2015 in Moskau erschossen wurde, hatte der russische Politiker Boris Nemtzow die Dokumentation aller in Russland öffentlich zugänglichen Daten über gefallene russische Soldaten im Donbas begonnen. Sie ist posthum unter dem Titel *Putin ist Krieg* (*Putin vojna*) erschienen.[139]

In der Geschichte des Zarenreiches und der Sowjetunion kam den Ukrainern über weite Strecken eine ähnliche Rolle zu wie den Schotten im Vereinigten Königreich und Britischen Empire. Einerseits waren sie eine Nation, die sich im Schatten der englischen sah und wähnte, kulturell eng mit ihr verbunden. Andererseits waren Schotten in der Verwaltung und Führung des Empires vertreten. Sie gehörten auch zur imperialen Elite. Die Briten haben ihr Imperium verloren – doch die Schotten im Vereinigten Königreich behalten. 2014 sprach sich bei einem Referendum eine Mehrheit der Schotten für den Verbleib im Königreich aus. Im selben Jahr verlor Russland mit der Annexion der Krim und seinem Krieg im Donbas die Ukraine endgültig. Sie hat sich mit der EU assoziiert, ist aus der GUS ausgetreten und wird der Eurasischen Union nicht beitreten. Der Zukunft der russisch-ukrainischen Beziehungen hat Putin mit der Annexion der Krim und dem Krieg im Donbas die Frage aufgebürdet, wann und unter welchen Bedingungen eine ukrainisch-russische Versöhnung möglich sein wird.

VI. Russlands Zukunft

Nachrichtendienste, Politikwissenschaftler und Publizisten präsentieren sehr unterschiedliche Zukunftsszenarien für die Russländische Föderation. Das imperiale Erbe betreffen diese Prognosen vorrangig auf dem Feld der Außenpolitik. Mark Galeotti vertritt die These, dass Putin 2014 eine Fehlkalkulation unterlaufen sei. Die Geschlossenheit der Sanktionen der USA und der EU habe der Kreml nicht erwartet und sich seitdem in einer Entfremdungs- und Eskalationsspirale immer weiter von den USA und Europa entfernt. Die Führung Russlands handele außenpolitisch in der Erwartung eines sich immer weiter zuspitzenden Konflikts.[1] Weniger dramatisch fällt die öffentliche Prognose der CIA aus, der zufolge auch in der Welt des Jahres 2035 damit zu rechnen sei, dass Russland über Ressourcen und Instrumente verfügt, seine Macht außenpolitisch zu projizieren.[2] Thomas Kunze und Thomas Vogel stellen in ihrer Prognose nicht den Konflikt, sondern Kooperation in den Mittelpunkt. Trotz der aktuellen Verwerfungen zwischen der EU und Russland sehen die beiden Autoren mittel- bis langfristige Chancen für eine Wiederannäherung zwischen Russland und Europa.[3] An der Stelle sind all jene skeptischer, die sich mit Russlands Desinformationskampagnen, seinen Geheimdiensten und Strategien hybrider Kriegsführung befassen. In solchen Prognosen stehen die Zeichen auf Konflikt und dem Imperativ Europas, sich zu schützen.[4] Dmitrij Trenin wiederum ist der Auffassung, dass die USA und Europa sich nicht vor Russland fürchten müssten, sondern es eher im Interesse Russlands ist, eine Deeskalation herbeizuführen, um ein auskömmliches Verhältnis zu jenen Ländern zu erreichen, die der Westen waren.[5] Ein Problem aller außenpolitischen Prognosen liegt darin, dass sie die enormen Herausforderungen des innenpolitischen Übergangs in eine Zeit nach Putin ausblenden.[6]

Es gehört nicht zu den Aufgaben der Historiker, die Zukunft zu prognostizieren. Jedoch gibt es eine Reihe von historischen Erfahrungswerten, die die Diskussion von Zukunftsszenarien bereichern kann. Aus der langen Geschichte der Imperien im Allgemeinen und der Geschichte Russlands im Besonderen lassen sich drei denkbare Szenarien für die Entwicklung des imperialen Erbes ableiten.

(1) Neoimperiale Entfaltung: In einer Mischung aus ökonomischem Autarkiestreben und ökonomischen Verflechtungen in Eurasien und unter den BRICS-Staaten gelingt eine ökonomische Stabilisierung, die es Russland weiterhin erlaubt, sein Militär zu modernisieren und seine Rolle als Großmacht zu spielen. Gelegenheiten zur begrenzten Expansion in der postsowjetischen Welt werden wahrgenommen, etwa in Belarus.

(2) Stagnation: Unter steigendem Sanktionsdruck der USA und fortdauernden Sanktionen der EU gelingen Russland keine ökonomischen Substitute in Eurasien und unter den BRICS-Staaten. Die Wirtschaftskraft Russlands lässt weiter nach, die Unzufriedenheit in der Bevölkerung steigt – nicht zuletzt aufgrund der jüngst unter finanziellem Druck nötigen Erhöhung des Renteneintrittsalters. Abstriche beim Militär und damit eine reduzierte weltpolitische Rolle werden unausweichlich.

(3) Unordnung beim Machttransfer in die Post-Putin-Zeit oder gar Revolution: Die Jugend und die Schüler beteiligen sich in steigender Zahl an Kundgebungen und Demonstrationen. Neben den Protesten der verlorenen Jugend zieht der Versuch eines Machttransfers zu einem Nachfolger Putins in dessen personalisierter Politik neofeudale und regionale Konflikte nach sich – sofern Putin nicht bereits vor einem Macht-

transfer an die Grenzen seiner Moderationsfähigkeit zwischen unterschiedlichen Interessengruppen im Machtzirkel gerät. In dem einen wie dem anderen Fall entsteht eine Leere der Macht im Zentrum Russlands, die auf die Regionen ausstrahlt. Die Stabilisierung der Macht im Zentrum und der Erhalt des territorialen Status quo können in diesem Szenario fraglich erscheinen.

Nicht allein die Zukunft der inneren Verhältnisse Russlands ist offen. Auch sein Verhältnis zu Europa gilt es neu zu definieren. Mit Putin wird Europa allenfalls einen Umgang in einem «realistischen» Szenario der internationalen Beziehungen pflegen können. Mehr als das friedliche Nebeneinander von souveränen Staaten ist in diesem Szenario kaum zu erwarten. Die Vertrauensverluste, die die Annexion der Krim, der verdeckte Krieg im Donbas, der Abschuss des Fluges MH 17 und das Attentat auf die Skripals hervorriefen, entziehen einem strategischen Neustart Europas mit einem von Putin geführten Russland jegliche Grundlage. Mit einem Nachfolger Putins könnte die EU jedoch neu ansetzen. Visabefreiungen, neue Handelsabkommen und vertiefte Zusammenarbeit auf den Feldern von Zivilgesellschaft, Kultur und Wissenschaft könnte die EU in die Waagschale für die Zeit nach Putin legen.

Wenn man aus der Geschichte Russlands und der Sowjetunion im 20. Jahrhundert lernen möchte, drängt sich vor allem die Lehre auf, dass die Geschichte große Überraschungen bereithalten kann. Obwohl die Krise des Zarenreiches im frühen 20. Jahrhundert in vieler Munde war, herrschte allgemeine Überraschung, als Nikolaus II. im Februar 1917 seinen Thronverzicht erklärte und die Februarrevolution das Ende der Monarchie in Russland bedeutete. Die Berufsrevolutionäre Lenin und Trotzki vermochten in Zürich und New York kaum zu fassen, dass in Russland tatsächlich eine Revolution stattgefunden hatte.[7] Desgleichen überstieg es während der

Perestrojka Gorbatschows das Vorstellungsvermögen der meisten Zeitgenossen, dass die Sowjetunion sich 1991 aus der Welt verabschieden und Geschichte werden würde.[8]

Sich auf Überraschungen einzustellen galt in der Geschichte Russlands umso mehr, wenn lange Herrschaftsphasen mächtiger Männer zu Ende gingen. Auf die Herrschaft Iwans IV. des Schrecklichen, der sich als erster Moskauer Großfürst 1547 zum Zaren krönen ließ und bald darauf Kasan und Astrachan eroberte, folgte rasch Russlands erster Bürgerkrieg, die Zeit der Wirren, die das Land bis 1613 in eine schwere Existenzkrise stürzte und Polen-Litauen und Schweden in Russland intervenieren ließ.[9] Peter der Große (regierte 1682/89–1725), der St. Petersburg gründete und die Annäherung Russlands und Europas vorantrieb, bestimmte, dass die Zaren künftig frei ihre Nachfolger bestimmen sollten. Dies brachte Russland im 18. Jahrhundert eine Reihe von Palastrevolutionen und eine damit verbundene hohe Unsicherheit für die politische Elite im Adel. Erst Ende des 18. Jahrhunderts beendete eine neue Thronfolgeordnung diese Unsicherheit.[10] Nach Stalins Tod 1953 war einige Zeit unklar, wer künftig an der Spitze der Macht stehen würde und welchen Kurs die Sowjetunion verfolgen sollte. Nikita Chruschtschow konnte die Machtfrage zwar 1956 zunächst für sich entscheiden, Unwillen über seinen Reformkurs in Teilen der Partei trug jedoch maßgeblich zu seiner Ablösung 1964 bei.[11]

Diese Erfahrungen lassen es nicht ausgeschlossen erscheinen, dass auch auf die nun fast zwei Jahrzehnte zählende Herrschaft von Wladimir Putin eine unklare Nachfolgesituation folgen könnte – doch ob mit oder ohne Putin: Das imperiale Erbe bleibt, mit ihm wird Russland umgehen müssen. Über das Verhältnis der russischen Nation zur russländischen Staatsbürgernation, die Machtverteilung zwischen Zentrum und Regionen, die Positionierung Russlands in der Welt und insbesondere gegenüber seinen unmittelbaren Nachbarn in Europa und Asien wird auch nach Putin in Russland gerungen werden. Darauf sollte sich die Politik in Deutschland und Europa einstellen. Es wäre fahrlässig zu denken, dass das Ausscheiden Putins aus dem Amt das Land schlagartig verändern wird und alle jetzigen Fragen im Verhältnis Russlands zu Europa sich von allein lösen werden. Das Erbe des Imperiums wird über Putins Amtszeit hinaus seine Schatten werfen.

Dank

Dieses Buch verpflichtet mich zu vielfachem Dank. Bei einem Berliner Mittagessen mit meinem Lektor Sebastian Ullrich anlässlich des Erscheinens meines Revolutionsbuches über Russland 1917 im Frühjahr 2017 kam die Frage auf, welche Themen mich als nächstes beschäftigen werden. Die Idee zum vorliegenden Buch entwickelte sich aus diesem Gespräch. Ich bin Sebastian Ullrich sehr dankbar für seinen Impuls und seine stets zugleich kritische und ermutigende Begleitung des Buchprojektes. Für das aufmerksame und sorgfältige Lektorat geht mein Dank an Daniel Bussenius. Danken möchte ich den Bonner Studierenden, die im Sommersemester 2016 meine Vorlesung und mein Hauptseminar zu zeitgeschichtlichen Themen Russlands seit 1991 besucht haben. Ein stetiger Gedankenaustausch und eine gemeinsame Sommerakademie der Studienstiftung des deutschen Volkes zu russischer Interventionspolitik in der Ukraine und in Syrien im August 2016 mit meinem Bruder Helmut Aust haben mir völkerrechtliche Perspektiven auf das Thema eröffnet. Auch allen Teilnehmerinnen und Teilnehmern unseres Kurses auf der Sommerakademie sei für ihre interessierte und engagierte Teilnahme und Diskussion gedankt. Wichtige Einsichten in das Thema verdanke ich zudem zahlreichen Gesprächen mit meiner Kollegin Katja Makhotina, mit Ingo Mannteufel und mit Philipp Bürger in Bonn sowie mit Tatiana Khripachenko, Alexei Miller und Alexander Semyonov in St. Petersburg. Katja Makhotina, Ingo Mannteufel und mein Bruder Helmut Aust haben das Manuskript in verschiedenen Phasen gelesen und hilfreich kommentiert. An Stefan Plaggenborg geht mein Dank für die Gelegenheit, das Buchprojekt in seinem Bochumer Colloquium vorzustellen. Wertvolle Unterstützung beim redaktionellen Abschluss des Manuskriptes verdanke ich an der Bonner Abteilung für Osteuropäische Geschichte Ines Skibinski, Maria Timofeeva, Viktoria Shavlokhova, Alexander Saß und Niklas Böß. Die Verantwortung für alle verbliebenen Fehler und Unzulänglichkeiten liegt allein bei mir. Danken möchte ich auch meiner Frau Rahel und unseren Kindern Jakob und Kaja. Gewidmet ist das Buch meinen Eltern.

Bonn, im November 2018

Anmerkungen

I. Ungebrochene Kontinuität:
Deutschlands gespaltenes Russlandbild

1 Die Rede im Original mit englischen Untertiteln: https://www. youtube.com/watch?v=hQ58Yv6kP44, zuletzt besucht am 21.9. 2018.

2 Die Rede Putins vom 18. März 2014 mit englischen Untertiteln: https://www.youtube.com/watch?v=uS8hbmoc15c, zuletzt besucht am 21.10.2018.

3 Darstellungen der unterschiedlichen völkerrechtlichen Argumentationen in: Zeitschrift für ausländisches öffentliches Recht und Völkerrecht 2015/1: Themenheft: The Incorporation of Crimea by the Russian Federation in Light of International Law. Siehe auch: Anthea Roberts, Is International Law International?, Oxford 2017, S. 231–240, insbesondere S. 234.

4 Valerie Kivelson, Ronald Suny, Russia's Empires, New York 2017, S. 355.

5 Rede Ronald Reagans auf der Annual Convention der National Association of Evangelicals vom 8. März 1983 in Orlando/FL: http://www.americanrhetoric.com/speeches/ronaldreaganevilempire.htm, zuletzt besucht am 18.9.2008.

6 Taras Kuzio, Ukraine's ‹Pereiaslav complex› and relations with Russia, in: Ukrainian Weekly, May 26 (2002), No. 21, Vol. LXX. Julia Timoschenko, Die russische Herausforderung, in: Die Zeit, 23.11.2006, Nr. 48, S. 4.

7 Romano Prodi, How Ukraine can be saved, in: International New York Times, 21.2.2014, S. 6. «Skrupellos und kühn». Norbert Röttgen über das Machtspiel des russischen Präsidenten Putin auf der Krim, die mangelnde Entschlossenheit und Einigkeit des Wes-

tens und die drohende Isolation Russlands, in: Die Zeit, 6.3.2014, S. 5. Reinhard Veser, Im ewigen Abwehrkampf. Putins Welt: Ein gutmütiges Russland und viele böse Nachbarn, in: FAZ, 20.3. 2014, S. 8. Joschka Fischer, Europa bleibe hart! Wer jetzt Wladimir Putin nachgibt, dient nicht dem Frieden. Er ermutigt Russlands Präsident, den nächsten Schritt zu tun, in: SZ, 29./30.3.2014, S. 2. Marcel H. Van Herpen, Putin's Wars. The Rise of Russia's New Imperialisms, Lanham/MD 2014. Ein ukrainischer Gesprächsband mit dem Georgier Kacha Bendukidze trägt den Titel Goodbye Empire: Volodimir Fedorin, Gudbay, Imperie. Rosmowy s Kachoju Bendukidze, Lviv 2015. Timothy Snyder spricht von Russlands Ziel, eine imperiale Hierarchie wiederherzustellen: Timothy Snyder, Integration and Disintegration: Europe, Ukraine, and the World, in: Slavic Review Volume 74 Number 4 (Winter 2015), S. 695–707, hier S. 705.

8 Idealtypische Imperiendefinitionen und Spannweite imperialer Erscheinungsformen im 19. Jahrhundert: Jürgen Osterhammel, Die Verwandlung der Welt. Eine Geschichte des 19. Jahrhunderts, München 2009, Kapitel VIII. Diachroner weltgeschichtlicher Überblick der Imperiengeschichte: Jane Burbank, Frederick Cooper, Empires in World History. Power and the Politics of Difference, Princeton/NJ 2010.

9 http://www.bpb.de/internationales/europa/russland/47998/russlandbild-deutscher-medien, zuletzt besucht am 2.11.2018.

10 Gabriele Scheidegger, Perverses Abendland – barbarisches Russland. Begegnungen des 16. und 17. Jahrhunderts im Schatten kultureller Missverständnisse, Zürich 1993.

11 Friedrich Christian Weber, Das veränderte Russland, Frankfurt 1721.

12 Das Projekt «West-östliche Spiegelungen» zu gegenseitigen Wahrnehmungen von Deutschen und Russland stand unter der Gesamtleitung von Lew Kopelew. Zur deutschen Wahrnehmungsgeschichte von Russen und Russland sind aus diesem Projekt folgende Bände hervorgegangen: Mechthild Keller (Hg.), Russen und Rußland aus deutscher Sicht. 9–17. Jahrhundert, München 1995. Dies. (Hg.), Russen und Rußland aus deutscher Sicht. 18. Jahrhundert: Aufklärung, München 1987. Dies. (Hg.), Russen und Rußland aus deutscher Sicht. 19. Jahrhundert: Von der Jahrhundertwende bis zur Reichsgründung (1800–1871), München

1992. Dies. (Hg.), Russen und Rußland aus deutscher Sicht. 19./20. Jahrhundert: Von der Bismarckzeit bis zum Ersten Weltkrieg, München 2000. Gerd Koenen, Lew Kopelew (Hg.), Deutschland und die Russische Revolution 1917–1924, München 1998. Gerd Koenen, Der Russland-Komplex. Die Deutschen und der Osten 1900–1945, München 2005.

13 Zwei Beispiele: Steffen Dobbert, SPD-Mitglieder gründen Arbeitskreis gegen Gabriels Ostpolitik, Zeit online (27.5.2016), https://www.zeit.de/politik/2016-05/russland-sanktionen-spd-gabriel-ostpolitik-arbeitskreis, zuletzt besucht am 21.10. 2018. Andreas Umland, How Can the West Promote an East-Central European Security Alignment?, in: New Eastern Europe 2018/1, S. 76–84.

14 Jüngstes Beispiel: Adelheid Bahr (Hg.), Warum wir Frieden und Freundschaft mit Russland brauchen, Frankfurt am Main 2018.

15 Aus der großen Zahl von Titeln, die Russland durch das Prisma der Figur Putins betrachten, sticht das Buch des russischen Journalisten Michail Sygar heraus. Darin untersucht Sygar Herrschaftssystem und politisches Selbstverständnis des russischen Staates, indem er über den Zeitraum von drei Präsidentschaften und einer Amtszeit als Ministerpräsident Putins (2000–2016) das personale Netzwerk um Putin und die polittechnologischen Inszenierungen Putins untersucht. Der russische Originaltitel «Vsja Kremlevskaja rat'» ist in der englischen Übersetzung «All the Kremlin's Men» besser wiedergegeben als in der deutschen Übersetzung: Michail Sygar, Endspiel. Die Metamorphosen des Wladimir Putin, dt. Köln 2015.

16 http://www.bpb.de/politik/extremismus/rechtspopulismus/242097/bildstrecke-rechtspopulistische-proteste-in-deutschland, zuletzt besucht am 21.10.2018.

17 Gabriele Krone-Schmalz, In Wahrheit sind wir stärker. Frauenalltag in der Sowjetunion, 2. Aufl., Düsseldorf 1990.

18 Gabriele Krone-Schmalz, Russland verstehen. Der Kampf um die Ukraine und die Arroganz des Westens, München 2015. Dies., Eiszeit. Wie Russland dämonisiert wird und warum das so gefährlich ist, München 2017.

19 Timothy Snyder, Integration and Disintegration. Europe, Ukraine, and the World, in: Slavic Review Vol. 74, No. 4 (2015), S. 695–707.

20 Timothy Snyder, Der Weg in die Unfreiheit. Russland, Europa, Amerika, München 2018. Snyders ideengeschichtlicher Zugang reduziert die gegenwärtige Politik Russlands darauf, dass Putin einem Masterplan des Publizisten Ivan Ilin aus der ersten Hälfte des 20. Jahrhunderts folge, der die Errichtung eines christlich-faschistischen Imperiums in Russland vorsehe. Kritisch dazu: Sophie Pinkham, https://www.thenation.com/article/timothy-snyder-zombie-history, zuletzt besucht am 5.11.2018.

21 Neben dem schon genannten Titel von Sygar sind zu nennen: Mischa Gabowitsch, Putin kaputt!? Russlands neue Protestkultur, Berlin 2013. Sergej Medvedev, Park krymskogo perioda. Chroniki tret'ego sroka, Moskau 2018. Marlene Laruelle, Jean Radvanyi, Understanding Russia. The Challenges of Transformation, Lanham/ML 2018. Aus den russischen Medien: der Fernsehsender Dožd, der Radiosender Ècho Moskvy und die Zeitung Novaja Gazeta.

22 Irina Scherbakowa, Karl Schlögel, Der Russland-Reflex. Einsichten in eine Beziehungskrise, Hamburg 2015.

II. Dämon und Konzept: Was ist ein Imperium?

1 Krishan Kumar, Visions of Empire. How Five Imperial Regimes Shaped the World, Princeton/NJ 2017, Kapitel The Idea of Empire. Wie die Gegenwart die Frage nach Imperien in den Staatenbeziehungen aufwirft, fassen zusammen: Herfried Münkler, Grit Straßenberger, Politische Theorie und Ideengeschichte. Eine Einführung, München 2016, S. 369 und das darauf folgende Kapitel 12 Imperium und Staatenbeziehungen.

2 Erika Fatland, Sowjetistan. Eine Reise durch Turkmenistan, Kasachstan, Tadschikistan, Kirgisistan und Usbekistan, dt. Berlin 2017, S. 187 ff. zu sowjetischen Atomwaffentests in Kasachstan. Zu den französischen Atomwaffentests im Pazifik als *imperial ruins*: Ann Laura Stoler, Considerations on Imperial Comparisons, in: Il'ia Gerasimov u. a. (Hg.), Empire speaks out. Languages of Rationalization and Self-Description in the Russian Empire, Leiden 2009, S. 33–57, hier S. 51.

3 Den Umgang mit Vielfalt in Imperien betonen Jane Burbank, Fre-

derick Cooper, Empires in World History. Power and the Politics of Difference, Princeton/NJ 2010. Auf Imperien als Ordnungsfaktor in den internationalen Beziehungen hebt Herfried Münkler ab: Herfried Münkler, Imperien. Die Logik der Weltherrschaft vom alten Rom bis zu den Vereinigten Staaten, Berlin 2005. Zur europäischen Integration und Europa: Ulrich Beck, Edgar Grande, Das kosmopolitische Europa. Gesellschaft und Politik in der zweiten Moderne, Frankfurt am Main 2004. Philipp Hofmann, Empire Europe? Die EU im Licht neuer Imperiumstheorien, Marburg 2010.

4 Benedict Anderson, Imagined Communities. Reflections on the Origin and Spread of Nationalism, London 1983. Ernest Gellner, Nations and Nationalism, Ithaca/NY 1983. Eric Hobsbawm, Terence Ranger (Hg.), The Invention of Tradition, Cambridge 1983.

5 Charles Maier, Among Empires. American Ascendancy and its Predecessors, Cambridge/MA 2006.

6 Navid Kermani, Entlang den Gräben. Eine Reise durch das östliche Europa bis nach Isfahan, 2. Aufl., München 2018. John McHugo, Syria. A Recent History, London 2014.

7 Jürgen Osterhammel, Imperialgeschichte, in: Christoph Cornelißen (Hg.), Geschichtswissenschaften. Eine Einführung, Frankfurt am Main 2000, S. 221–232.

8 Alexander Motyl, Imperial Ends. The Decay, Collapse, and Revival of Empires, New York 2001, Kapitel 1 Imperial Beginnings.

9 Ulrich Beck, Edgar Grande, Das kosmopolitische Europa. Gesellschaft und Politik in der Zweiten Moderne, Frankfurt am Main 2004, S. 86–100.

10 Ilya Vinkovetsky, Russian America. An Overseas Colony of a Continental Empire 1804–1867, Oxford 2011. Henner Kropp, Russlands Traum von Amerika. Die Kolonisten Russisch-Alaskas in den Expansionsprozessen Russlands und der USA 1733–1867, unveröffentlichtes Manuskript, zugleich Phil. Diss. Universität Regensburg 2017.

11 Besonders deutlich wird dies bei: Jürgen Osterhammel, Die Verwandlung der Welt. Eine Geschichte des 19. Jahrhunderts, München 2009, Kapitel VIII.

12 Neben dem schon genannten Titel Empires in World History von Jane Burbank und Frederick Cooper: John Darwin, After Tamerlane. The Global History of Empire since 1405, London 2007.

13 Michael W. Doyle, Empires, Ithaca/NY 1986.

14 Jürgen Osterhammel, Kolonialismus. Geschichte, Formen, Folgen, 2. Aufl., München 1997.

15 Boris Barth, Jürgen Osterhammel (Hg.), Zivilisierungsmissionen. Imperiale Weltverbesserung seit dem 18. Jahrhundert, Konstanz 2005.

16 Münkler, Imperien. Die Logik der Weltherrschaft.

17 Im Hintergrund solcher idealtypischer Unterscheidungen steht: Carl Schmitt, Land und Meer. Eine weltgeschichtliche Betrachtung, Leipzig 1942.

18 Parag Khanna, The Second World. Empires and Influence in the New Global Order, New York 2008. Ders., Connectography. Mapping the Future of Global Civilization, New York 2012. Grundlegend zu Städten in den internationalen Beziehungen des 20. Jahrhunderts und der Gegenwart: Helmut Philipp Aust, Das Recht der globalen Stadt, Tübingen 2017, § 2 Konjunkturen urbaner Internationalität im 20. Jahrhundert.

19 Martin Aust, Frithjof Benjamin Schenk (Hg.), Imperial Subjects. Autobiographische Praxis in den Vielvölkerreichen der Habsburger, Romanovs und Osmanen im 19. und frühen 20. Jahrhundert, Köln 2015.

20 Verfassung der Russländischen Föderation, eingesehen auf der Seite des Präsidenten der Russländischen Föderation: www.kremlin.ru, zuletzt besucht am 4.9.2018.

III. Postimperium: Russland, Deutschland, Frankreich und Großbritannien

1 Sebastian Conrad, Jürgen Osterhammel (Hg.), Das Kaiserreich transnational. Deutschland in der Welt 1871–1914, Göttingen 2014.

2 Vejas Gabriel Liulevicius, Kriegsland im Osten. Eroberung, Kolonisierung und Militärherrschaft im Ersten Weltkrieg, dt. Hamburg 2002.

3 Frank Grelka, Die ukrainische Nationalbewegung unter deutscher Besatzungsherrschaft 1918 und 1941/42, Wiesbaden 2005. Klaus Hildebrand, Das vergangene Reich. Deutsche Außenpoli-

tik von Bismarck bis Hitler 1871–1945, Stuttgart 1995, S. 363–372.

4 Mark Mazower, Hitlers Imperium. Europa unter der Herrschaft des Nationalsozialismus, dt. München 2009.

5 Stefan Plaggenborg, Experiment Moderne. Der sowjetische Weg, Frankfurt am Main 2006, Kapitel VI Der Preis des Imperiums.

6 Dirk van Laak, Über alles in der Welt. Deutscher Imperialismus im 19. und 20. Jahrhundert, München 2005, Kapitel IV–VI.

7 Herfried Münkler, Macht in der Mitte. Die neuen Aufgaben Deutschlands in Europa, Hamburg 2015.

8 Zur Darstellung der Imperiengeschichte Russlands und der Sowjetunion auf den folgenden Seiten: Andreas Kappeler, Russland als Vielvölkerreich. Entstehung, Geschichte, Zerfall 1552–1917, München 1992. Valerie Kivelson, Ronald Suny, Russia's Empires, New York 2017. Terry Martin, The Affirmative Action Empire. Nations and Nationalism in the Soviet Union 1923–1939, Ithaca/NY 2001. Martin Aust, Die Russische Revolution. Vom Zarenreich zum Sowjetimperium, München 2017.

9 Norbert Angermann, Karsten Brüggemann, Geschichte der baltischen Länder, Ditzingen 2018. Serhii Plokhy, The Gates of Europe. A History of Ukraine, London 2015. Alexander Morrison, Russian Rule in Samarkand 1868–1910. A Comparison with British India, Oxford 2008.

10 Die These einer russischen Nationalisierung des Reiches im späten 19. Jahrhundert haben vertreten: Vera Tolz, Russia, London 2001 und Sviatoslav Kaspe, Imperial Political Culture and Modernization in the Second Half of the Nineteenth Century, in: Jane Burbank u. a. (Hg.), Russian Empire. Space, Power, People 1700–1930, Bloomington/ID 2007, S. 455–493. Den unverändert multiethnischen Charakter der Herrschaft und der Elite im Zarenreich um 1900 betont Kappeler, Russland als Vielvölkerreich, 8. Kapitel: Das spätzarische Vielvölkerreich zwischen Modernisierung und Tradition. Die These der Nationen als Produkte der Imperien findet sich bei: Stefan Berger, Alexei Miller (Hg.), Nationalizing Empires, Budapest 2015.

11 Jörg Baberowski, Der rote Terror. Die Geschichte des Stalinismus, München 2003. Ders., Verbrannte Erde. Stalins Herrschaft der Gewalt, München 2012.

12 Erwin Oberländer, Sowjetpatriotismus und Geschichte. Doku-

mentation, Köln 1967, S. 80 (Stalins Toast auf das russische Volk 1945). David Brandenberger, National Bolshevism. Stalinist Mass Culture and the Formation of Modern Russian National Identity 1931–1956, Cambridge/MA 2002. Stefan Plaggenborg, Experiment Moderne. Der sowjetische Weg, Frankfurt am Main 2006, Kapitel VI Der Preis des Imperiums.

13 Serhii Plokhy, The Last Empire. The Final Days of the Soviet Union, New York 2014.

14 Erez Manela, The Wilsonian Moment. Self-Determination and the International Origins of Anti-Colonial Nationalism, Oxford 2007. Birgit Morgenrath, «Unsere Opfer zählen nicht.» Die Dritte Welt im Zweiten Weltkrieg, Berlin 2005.

15 Susan Pedersen, The Guardians. The League of Nations and the Crisis of Empire, Oxford 2015.

16 Pankaj Mishra, From the Ruins of Empire. The Revolt Against the West and the Remaking of Asia, London 2013.

17 Mark Mazower, No Enchanted Palace. The End of Empire and the Ideological Origins of the United Nations, Princeton/NJ 2010.

18 Dan Diner, Das Jahrhundert verstehen. Eine universalhistorische Deutung, München 1999, S. 251.

19 Fabian Klose, Dekolonisation und Revolution, in: Europäische Geschichte Online (EGO), hg. vom Leibniz-Institut für Europäische Geschichte (IEG), 9.5.2014. http://ieg-ego.eu/de/threads/europa-und-die-welt/herrschaft/fabian-klose-dekolonisation-und-revolution, zuletzt besucht am 21.10.2018.

20 Burbank, Cooper, Empires in World History, S. 516–518.

21 Frederick Cooper, Citizenship Between Empire and Nation. Remaking France and French Africa 1945–1960, Princeton/NJ 2014.

22 Cooper, Burbank, Empires in World History, S. 518–528. Fabian Klose, Menschenrechte im Schatten kolonialer Gewalt. Die Dekolonisierungskriege in Kenia und Algerien 1945–1962, München 2009.

IV. Erblasser wider Willen: Gorbatschow, das Ende der Sowjetunion und das Erbe des Imperiums

1 Stephen Kotkin, Armageddon Averted. The Soviet Collapse 1970–2000, Oxford 2001, S. 35–39.

2 Kotkin, Armageddon Averted, S. 39.

3 Dmitri Trenin, Post-Imperium. A Eurasian Story, Washington/D.C. 2011, S. 1–5.

4 Zum Folgenden Susanne Schattenberg, Perestrojka und Glasnost, http://www.bpb.de/izpb/192793/perestrojka-und-glasnost, zuletzt besucht am 10.9.2018.

5 Kivelson, Suny, Russia's Empires, S. 349.

6 Kivelson, Suny, Russia's Empires, S. 350–352.

7 Kivelson, Suny, Russia's Empires, S. 352.

8 Kivelson, Suny, Russia's Empires, S. 353.

9 Raspad SSSR. Dokumenty i fakty (1986–1992 gg.). Bd. 1: Normativnye akty, oficial'nye soobščenija, Moskau 2009, S. 150 f.

10 Die entsprechenden Erklärungen des jeweiligen Obersten Sowjets der genannten Unionsrepubliken finden sich in Raspad SSSR, Bd. 1, S. 159–223.

11 Raspad SSSR, Bd. 1, S. 165–206.

12 Raspad SSSR, Bd. 1, S. 224–252.

13 Raspad SSSR, Bd. 1, S. 252–264.

14 Kivelson, Suny, Russia's Empires, S. 355.

15 Raspad SSSR, Bd. 1, S. 744 ff.

16 Plokhy, The Last Empire, S. 73–92. Ignaz Lozo, Der Putsch gegen Gorbatschow und das Ende der Sowjetunion, Köln 2014.

17 Plokhy, The Last Empire, S. 93–130. Lozo, Der Putsch gegen Gorbatschow, Kapitel 6.

18 Kivelson, Suny, Russia's Empires, S. 358 f.

19 Alexei Yurchak, Everything Was Forever, Until It Was No More. The Last Soviet Generation, Princeton/NJ 2005.

20 Kivelson, Suny, Russia's Empires, S. 360. Karl Schlögel, Das sowjetische Jahrhundert. Archäologie einer untergegangenen Welt, München 2018. Diane Koenker, Club Red. Vacation Travel and the Soviet Dream, Ithaca/NY 2013.

21 So auch Kivelson, Suny, Russia's Empires, S. 359.

22 Alle voranstehenden Zitate des Ornithologen stammen aus: Fatland, Sowjetistan, S. 159 f.

23 Fatland, Sowjetistan, S. 163.
24 Alexander Poncer, Ethnopolitische Szenarien in den Nachfolgestaaten des britischen Weltreiches und der Sowjetunion als Folge
   imperialer Grenzziehung und Migration, unveröffentlichtes Manuskript, Magisterarbeit an der LMU München 2013. Livia Gerster, Am äußersten Rand der europäischen Union. Viele Esten
   schauen argwöhnisch auf die russische Minderheit in der Grenzstadt Narwa. Doch eine Gruppe junger Leute will dort eine Brücke nach Russland bauen, in: FAZ, 19.8.2017.

V. Die Erben: Russlands Umgang mit dem imperialen Erbe

1 Zur frühen Jelzin-Zeit: Margareta Mommsen, Wohin treibt Russland? Eine Großmacht zwischen Anarchie und Demokratie,
   München 1996. Zu Putins Zentralisierung, Machtvertikale und
   der sogenannten souveränen Demokratie: Sygar, Endspiel, Kapitel 6, sowie Manfred Quiring, Putins russische Welt. Wie der
   Kreml Europa spaltet, Berlin 2017, S. 65–69, zur Abschaffung der
   Gouverneurswahlen nach 2004.
2 Kivelson, Suny, Russia's Empires, S. 379, 385 f.
3 Karen Dawisha, Putin's Kleptocracy. Who Owns Russia?, New
   York 2014. Markus Wehner, Putins Kalter Krieg. Wie Russland
   den Westen vor sich hertreibt, München 2016, S. 10–12. Quiring,
   Putins russische Welt, S. 26–74.
4 Richard Sakwa, Russia Against the Rest. The Post-Cold War Crisis of World Order, Cambridge 2017, S. 119.
5 Sygar, Endspiel.
6 Frank Kämpfer, Das russische Herrscherbild, Heidelberg 1978,
   S. 193–198.
7 Richard Wortman, Scenarios of Power. Myth and Ceremony in
   Russian Monarchy. 2 Volumes, Princeton/NJ 1995, 2000.
8 Jan Plamper, The Stalin Cult. A Study in the Alchemy of Power,
   New Haven/CT 2012.
9 Trenin, Post-Imperium, S. 40.
10 Ulrich Schmid, Technologien der Seele. Vom Verfertigen der
   Wahrheit in der russischen Gegenwartskultur, Berlin 2015, S. 118.

11 Schmid, Technologien der Seele, S. 121.

12 Schmid, Technologien der Seele, S. 122.

13 Schmid, Technologien der Seele, S. 121.

14 Schmid, Technologien der Seele, S. 123 f.

15 Schmid, Technologien der Seele, S. 124–126.

16 Schmid, Technologien der Seele, S. 130 f.

17 Schmid, Technologien der Seele, S. 132 f.

18 Schmid, Technologien der Seele, S. 133.

19 Schmid, Technologien der Seele, S. 136–138.

20 Schmid, Technologien der Seele, S. 140–146.

21 Zitiert nach Zaur Gasimov, Idee und Institution. *Russkij mir* zwischen kultureller Mission und Geopolitk, in: Osteuropa 62/5 (2012), S. 69–80, hier S. 76.

22 https://www.russkiymir.ru/, zuletzt besucht am 24.9.2018.

23 Gasimov, Idee und Institution, S. 69 f., 77.

24 Sakwa, Russia Against the Rest, S. 123 f.

25 Richard Wortman, Scenarios of Power, Bd. 1, S. 121 f., 139–142. Larry Wolff, Inventing Eastern Europe. The Map of Civilization on the Mind of the Enlightenment, Stanford/CA 1994, S. 126–141.

26 Richard Wortman, Simvoly imperii: ėgzotičeskie narody v ceremonii koronacii rossijskich imperatorov, in: I. Gerasimov, S. Glebov, A. Kaplunovskij u. a. (Hg.), Novaja Imperskaja Istorija Post-Sovetskogo Prostranstva, Kazan' 2004, S. 409–426, hier S. 416–421. Ders., Scenarios of Power, Bd. 2, S. 29–48.

27 Marina Mogilner, Russian Physical Anthropology of the Nineteenth–Early Twentieth Centuries: Imperial Race, Colonial Other, Degenerate Types, and the Russian Racial Body, in: Ilya Gerasimov u. a. (Hg.), Empire Speaks Out. Languages of Rationalization and Self-Description in the Russian Empire, Leiden 2009, S. 155–189.

28 Tolz, Russia. Kaspe, Imperial Political Culture and Modernization in the Second Half of the Nineteenth Century.

29 David Schimmelpenninck van der Oye, Toward the Rising Sun. Russian Ideologies and the Path to War with Japan, DeKalb/IL 2001. Ders., Russian Orientalism. Asia in the Russian Mind from Peter the Great to the Emigration, New Haven/CT 2010.

30 Martin, The Affirmative Action Empire. Oberländer, Sowjetpatriotismus und Geschichte. Brandenberger, National Bolshevism.

31 Gajdar, Gibel' imperii. Uroki dlja sovremennoj Rossii, Moskau 2006. Ders., Der Untergang eines Imperiums, dt. Wiesbaden 2016.

32 Aleksej I. Miller (Hg.), Nasledie imperij i budučšee Rossii, Moskau 2008.

33 Iver B. Neumann, Rossijskoe stremlenie k velikoderžaviju: kak Rossija dobivalas' priznanija Evropy, in: Miller (Hg.), Nasledie imperii, S. 139–185.

34 V. A. Tiškov, Čto est' Rossija i rossijskij narod, in: Miller (Hg.), Nasledie imperii, S. 455–491.

35 A. I. Miller, Nacija kak ramka političekoj žizni, in: ders. (Hg.), Nasledie imperii, S. 492–525.

36 Dmitri Trenin, Post-Imperium, Washington/D.C. 2011.

37 Website der Zeitschrift Ab Imperio: https://abimperio.net/, zuletzt besucht am 21.10.2018.

38 Sergej Medvedev, Park krymskogo perioda. Chroniki tret'ego sroka, Moskau 2018, S. 41.

39 Krone-Schmalz, Russland verstehen. Dies., Eiszeit.

40 Tolz, Russia. Kaspe, Imperial Political Culture and Modernization in the Second Half of the Nineteenth Century. Berger, Miller, Nationalizing Empires.

41 Durch das Prisma einer Biographie: Willard Sunderland, The Baron's Cloak. A History of the Russian Empire in War and Revolution, Ithaca/NY 2014.

42 Mit der These, Russland könne auf dem Weg zu einem Nationalstaat sein, setzt sich kritisch auseinander: Alexei Miller, Rossija ne byla, ne javljaetsja i nikogda ne budet nacional'nym gosudarstvom, https://republic.ru/posts/88426, zuletzt besucht am 2.11.2018.

43 Philipp Bürger, Geschichte im Dienst für das Vaterland. Traditionen und Ziele der russländischen Geschichtspolitik seit 2000, Göttingen 2018.

44 http://kremlin.ru/events/president/news/57732/videos, zuletzt besucht am 27.9.2018.

45 Lyudmila Parts, In Search of the True Russia. The Provinces in Contemporary Nationalist Discourse, Madison/WI 2018, S. 4.

46 https://ru.wikipedia.org/wiki/Краеведение, zuletzt aufgerufen am 27.9.2018.

47 Roland Götz, Uwe Halbach, Politisches Lexikon Rußland, München 1994, S. 304–323.

48 Vgl. zum Folgenden über Tatarstan: Oleg Kashin, Dogovor Moskvy i Kazani istek. Tschem opasen otkas ot jego prodlenija?, in: Republic.ru, 26.7.2017, https://republic.ru/posts/85291, zuletzt aufgerufen am 26.7.2017.

49 https://www.youtube.com/watch?v=NPcp5qtlczg, zuletzt aufgerufen am 27.9.2018.

50 Margareta Mommsen, Autoritarismus oder Demokratie? Putins Rußland am Scheideweg, in: Osteuropa 2004/3, S. 49–53. Dmitrij Furman, Russland am Scheideweg. Logik und Ende der «imitierten Demokratie», in: Osteuropa 2008/2, S. 2–16. Andreas Heinemann-Grüder, Kontrollregime. Russland unter Putin & Medvedev, in: Osteuropa 2009/9, S. 27–48. Olaf Leisse, Ksenia Chepikova, Russlands simulierter Föderalismus. Regionalpolitik unter Putin und Medvedev, in: Osteuropa 2010/1, S. 15–26.

51 Alexandra Engelfried, Zar und Star. Vladimir Putins Medienimage, in: Osteuropa 62/5 (2012), S. 47–67.

52 http://videoface.ru/video/polit/moskva-kreml-putin-s-vladimirom-solovevym-21-10-2018.html, zuletzt aufgerufen am 21.10.2018.

53 Jelena Dogadina, Die wahre Geschichte einer Geisterstadt, https://www.dekoder.org/de/article/monostadt-tatarstan-atomkraftwerk-casinos, zuletzt besucht am 27.9.2018.

54 Isolde Brade, Christian Kolter, Sebastian Lentz, Die räumliche Perspektive, in: Russland-Analysen Nr. 241 (29.6.2012), S. 9–13, http://www.laender-analysen.de/russland/pdf/Russlandanalysen241.pdf, zuletzt aufgerufen am 27.9.2018.

55 https://pavel-pashkov.ru/2018/06/19/kak-unichtozhayut-lesarossii/, zuletzt besucht am 20.10.2018.

56 https://www.ft.com/content/3106345c-f05e-11e7-b220-857e26d1aca4, zuletzt besucht am 20.10.2018.

57 Götz, Halbach, Politisches Lexikon Rußland, S. 330, 342–344. Thomas Kunze, Thomas Vogel, Das Ende des Imperiums. Was aus den Staaten der Sowjetunion wurde, Bonn 2016, S. 138–140.

58 https://www.echr.coe.int/Documents/FS_Armed_conflicts_ENG.pdf, zuletzt besucht am 13.10.2018, dort Fälle Tschetschenien betreffend S. 10 ff.

59 Paul J. Bolt, Sharyl Cross, China, Russia, and Twenty-First Century Global Geopolitics, Oxford 2018, S. 258. Kunze, Vogel, Das Ende des Imperiums, S. 139–141.

60 https://www.crisisgroup.org/europe-central-asia/caucasus/russianorth-caucasus/chechnya-inner-abroad, zuletzt aufgerufen am 27.9.2015.

61 https://tvrain.ru/teleshow/fishman_vechernee_shou/kadyrov_proigral-474447/, zuletzt besucht am 3.11.2018.

62 https://www.dw.com/de/umstrittene-gouverneurswahl-im-osten-russlands-wird-wiederholt/a-45575273, zuletzt besucht am 28.9.2018.

63 So Nikolaj Petrov am 21. September 2018 in der Sendung *I tak dalee* des Fernsehsenders Doschd: https://tvrain.ru/teleshow/fishman_vechernee_shou/kreml_spasaetsja_ot_bunta-471964/, zuletzt aufgerufen am 28.9.2018.

64 https://www.bundestag.de/blob/189558/21543d1184c-1f627412a3426e86a97cd/charta-data.pdf, zuletzt aufgerufen am 28.9.2018.

65 Richard Sakwa, Russia Against the Rest.

66 Putins Rede 2001 im Bundestag: https://www.youtube.com/watch?v=9jyLQmyg9hs, zuletzt besucht am 21.10.2018.

67 Marie Katharina Wagner, Das große Rätsel um Genschers angebliches Versprechen, http://www.faz.net/aktuell/politik/ost-erweiterung-der-nato-was-versprach-genscher-12902411.html, zuletzt besucht am 22.10.2018. Mary Elise Sarotte, Versprochen und gebrochen?, https://www.zeit.de/2014/41/nato-russland-usa-deutsche-wiedervereinigung, zuletzt besucht am 22.10.2018.

68 Lauri Mälksoo, Russian Approaches to International Law, Oxford 2015.

69 Roy Allison, Russia, the West, and Military Intervention, Oxford 2013.

70 Sygar, Endspiel, S. 31 f., 51–54.

71 Andreas Paulus, The War Against Iraq and the Future of International Law: Hegemony or Pluralism?, in: Michigan Journal of International Law 25 (2004) 3, https://repository.law.umich.edu/mjil/vol25/iss3/4/, zuletzt besucht am 21.10.2018.

72 Zum Kosovo: Georg Nolte, Kosovo und Konstitutionalisierung: Zur humanitären Intervention der NATO-Staaten, http://www.zaoerv.de/59_1999/59_1999_4_a_941_960.pdf, zuletzt besucht am 21.10.2018.

73 Krone-Schmalz, Russland verstehen. Dies., Eiszeit.

74 Zu Ostmitteleuropa und der Sowjetunion nach dem Zweiten

Weltkrieg: Tony Judt, Geschichte Europas. Von 1945 bis zur Gegenwart, dt. München 2006, S. 196–229. Ein Resultat der polnischen und russischen Versöhnungsanstrengungen ist ein Band einer gemeinsamen russisch-polnischen Historikerkommission. Unter dem Titel «Weiße Flecken, schwarze Flecken» sind 16 Punkte benannt, zu denen jeweils ein polnischer und russischer Text abgedruckt ist: Adam D. Rotfeld, Anatoli W. Torkunow (Hg.), Białe plamy, czarne plamy. Sprawy trudne w relacjach polski-rosyjskich (1918–2008), Warschau 2010.

75 https://russiaeu.ru/en/brief-overview-relations, zuletzt besucht am 20.10.2018.

76 https://www.nato.int/cps/ic/natohq/topics_50091.htm, zuletzt besucht am 20.10.2018.

77 https://www.wto.org/english/thewto_e/countries_e/russia_e. htm, zuletzt besucht am 20.10.2018.

78 Website des Valdai Club: http://valdaiclub.com/, zuletzt besucht am 22.10.2018. Website von Russia in Global Affairs: https://eng. globalaffairs.ru/, zuletzt besucht am 22.10.2018.

79 Grundlegend für die folgende Analyse der russisch-chinesischen Beziehungen: Paul J. Bolt, Sharyl N. Cross, China, Russia, and Twenty-First Century Global Geopolitics, Oxford 2018, S. 290–301.

80 Anne Peters, After Trump: China and Russia move from norm-takers to shapers of the international legal order, 10.11.2016, https:// www.ejiltalk.org/after-trump-china-and-russia-move-from-norm-takers-to-shapers-of-the-international-legal-order/, zuletzt besucht am 21.10.2018.

81 Oxford Public International Law, Debate Map, Disputes in the South and East China Seas, 23.3.2017, zuletzt besucht am 21.10. 2018.

82 http://www.faz.net/aktuell/politik/ausland/russland-und-china-kooperieren-bei-manoever-wostok-2018-15790980.html, zuletzt besucht am 2.11.2018.

83 Christopher Philipps, The Battle for Syria. International Rivalry in the New Middle East, New Haven/CT 2016.

84 Dmitri Trenin, What is Russia up to in the Middle East? Cambridge 2018.

85 https://www.sueddeutsche.de/politik/russland-und-der-front-national-analyse-le-pens-draht-nach-moskau-1.3387671, zuletzt

besucht am 2.11.2018. Quiring, Putins russische Welt, S. 214.

86 http://www.faz.net/aktuell/politik/russen-bezahlten-privatflug-zeug-fuer-afd-politiker-15600740.html, zuletzt besucht am 2.11.2018.

87 Diesen Schluss zieht Ingo Mannteufel in seinem Kommentar: https://www.dw.com/de/kommentar-der-beweis-im-fall-skripal/a-45658122, zuletzt besucht am 2.11.2018. In die gleiche Richtung argumentiert: Alice Bota, Wir doch nicht! Der Giftanschlag in London, der Abschuss der malaysischen Passagiermaschine, die Trollfabriken, die Hackerangriffe – alles Lachnummern. Hat nichts mit Putin zu tun. Russland leugnet systematisch jede Verantwortlichkeit, in: Die Zeit Nr. 43 (18.10.2018), S. 6.

88 Herfried Münkler, Das Chamäleon Krieg und der Kampf um eine neue Weltordnung, in: Katharina Raabe, Manfred Sapper (Hg.), Testfall Ukraine. Europa und seine Werte, Berlin 2015, S. 177–190. Russlands Militärdoktrin vom 25. Dezember 2014, http://rusemb.org.uk/press/2029, zuletzt besucht am 7.4.2017.

89 Trenin, Should we fear Russia? Cambridge 2016.

90 Georg Nolte, Heike Krieger, The International Rule of Law – Rise or Decline? Points of Departure, KFG Working Paper Nr. 1 (2016), http://kfg-intlaw.de/PDF-ftp-Ordner/KFG%20Working%20Paper%20No.%201.pdf, zuletzt besucht am 2.11.2018.

91 Plokhy, The Last Empire, S. 308 f. Homepage der GUS: http://www.e-cis.info/, zuletzt besucht am 24.9.2018.

92 http://www.soyuz.by/, zuletzt besucht am 24.9.2018.

93 Alexei Miller, Nasledie imperij. Inventarizacija, in: ders. (Hg.), Nasledie imperii, S. 5–22.

94 http://www.eaeunion.org/, zuletzt besucht am 24.9.2018.

95 http://www.laender-analysen.de/russland/pdf/RusslandAnalysen353.pdf, zuletzt besucht am 2.11.2018.

96 Evgenij Vinokurov, Unter Partnern. Ein nüchterner Blick auf die Eurasische Wirtschaftsunion, in: Osteuropa 2016/5, S. 129–140.

97 Carl Schmitt, Völkerrechtliche Großraumtheorie mit Interventionsverbot für raumfremde Mächte, Text der 4. Auflage von 1941, abgedruckt in: Carl Schmitt, Staat, Großraum, Nomos. Arbeiten aus den Jahren 1916–1969, hg. von Günter Maschke, Berlin 1995, S. 269–321. Herfried Münkler, Macht in der Mitte. Die neuen Aufgaben Deutschlands in Europa, Hamburg 2015.

98 Zur folgenden Darstellung der Jahre 1989–1992: Roland Götz, Uwe Halbach, Politisches Lexikon GUS, München 1992, S. 162–169.

99 https://de.wikipedia.org/wiki/Transnistrien, zuletzt besucht am 18.9.2018.

100 Götz, Halbach, Politisches Lexikon GUS, 2. Aufl., München 1993, S. 94–97.

101 Götz, Halbach, Politisches Lexikon GUS, 2. Aufl., S. 98–102.

102 Trenin, Post-Imperium, S. 93.

103 Trenin, Post-Imperium, S. 95.

104 Trenin, Post-Imperium, S. 95 f.

105 Trenin, Post-Imperium, S. 96 f.

106 Gerard Toal, Near Abroad. Putin, the West, and the Contest over Ukraine and the Caucasus, Oxford 2017, Kapitel 3 A Cause in the Caucasus.

107 Sygar, Endspiel, S. 326.

108 Trenin, Post-Imperium, S. 97 f.

109 Die Ergebnisse der International Fact Finding Mission: http://www.mpil.de/en/pub/publications/archive/independent_international_fact.cfm, zuletzt besucht am 22.10.2018.

110 Trenin, Post-Imperium, S. 98.

111 Trenin, Post-Imperium, S. 99 f.

112 Alexander Solschenizyn, Russlands Weg aus der Krise. Ein Manifest, dt. 2. Aufl., München 1991, S. 13–16. Ders., Die russische Frage am Ende des 20. Jahrhunderts, dt. München 1994, S. 125.

113 Martin Aust, Polen und Russland im Streit um die Ukraine. Konkurrierende Erinnerungen an die Kriege des 17. Jahrhunderts in den Jahren 1934 bis 2006, Wiesbaden 2009, S. 44–58.

114 Andreas Kappeler, Kleine Geschichte der Ukraine, München 1994, S. 84–88.

115 Sbornik Russkogo Istoričeskogo Obščestva, Bd. 7, St. Petersburg 1871, RP Nendeln 1971, S. 348.

116 Aleksej Miller, «Ukrainskij Vopros» v politike vlastej i russkom obščestvennom mnenii (vtoraja polovina XIX veka), St. Petersburg 2000.

117 Zur Historiographiegeschichte: Martin Aust, À la Recherche d'Histoire Imperiale: Histories of Russia from the 19th to the Early 21st Century, in: Matthias Middell, Lluis Roura y Aulinas

(Hg.), Transnational Challenges to National History Writing, Houndmills, Basingstoke 2013, S. 229–256.

118 Serhii Yekelchyk, Stalin's Empire of Memory. Russian-Ukrainian Relations in the Soviet Historical Imagination, Toronto 2004.

119 Zum Holodomor zuletzt: Anne Applebaum, Red Famine. Stalin's War on Ukraine, New York 2017. Sehr ausgewogene Darstellung der Sowjetukraine in den 1930er Jahren bei: Serhii Plokhy, The Gates of Europe. A History of Ukraine, London 2015, S. 246–254. Zur ukrainischen Sowjetrepublik als secunda inter pares in der Sowjetunion nach dem Zweiten Weltkrieg: Anna Veronika Wendland, Die ukrainischen Länder von 1945 bis 1993, in: Frank Golczewski (Hg.), Geschichte der Ukraine, Göttingen 1993, S. 269–311.

120 Andreas Kappeler, Ungleiche Brüder. Russen und Ukrainer vom Mittelalter bis zur Gegenwart, München 2017.

121 Sygar, Endspiel, S. 103.

122 Taras Kuzio, Ukraine Between a Constrained EU and Assertive Russia, in: Journal of Common Market Studies (2016), S. 1–18. Kappeler, Ungleiche Brüder, Kapitel 9.

123 Marci Shore, The Ukrainian Night. An Intimate History of Revolution, New Haven/CT 2017. Katharina Raabe, Manfred Sapper (Hg.), Testfall Ukraine. Europa und seine Werte, Berlin 2015.

124 Samuel Huntington, The Clash of Civilizations and the Remaking of World Order, New York 1996, S. 159, 166.

125 Putins Sichtweise gibt wieder: Sygar, Endspiel, S. 312.

126 Ivan Katchanovski, The «Snipers' Massacre» on the Maidan in Ukraine, online: https://papers.ssrn.com/sol3/papers.cfm?abstract_id=2658245, zuletzt besucht am 4.11.2018. Darin stellt Katchanovski die Darstellung der ukrainischen Staatsanwaltschaft in Frage, dass es sich um ein Massaker seitens der ukrainischen Sondereinheiten Berkut gehandelt habe, und wirft Fragen nach einer Beteiligung rechter Gruppierungen an der Herbeiführung des Massakers auf.

127 https://www.dekoder.org/de/gnose/krim-annexion, zuletzt besucht am 17.10.2018.

128 Anne Peters, The Crimean Vote of March 2014 as an Abuse of the Institution of the Territorial Referendum (9.7.2014), https://ssrn.com/abstract=2463536, zuletzt besucht am 18.10.2018.

129 So Putin 2015 in der russischen Fernsehdokumentation «Krim.

Der Weg in die Heimat» (Krym. Put' na rodinu): https://www. youtube.com/watch?v=t42-71RpRgI, zuletzt besucht am 4.11. 2018.

130 Zur Schlacht von Ilowajsk und dem Minsker Protokoll vom September 2014: Ukraine-Analysen Nr. 136 (17.9.2014). Zur Schlacht von Debalzewe, zum Minsker Protokoll vom Februar 2015 und zur Lage im Donbas im Frühjahr 2015: Ukraine-Analysen Nr. 150 (29.4.2015).

131 Themenheft zum Krieg im Donbas: Osteuropa 2015/1–2.

132 Gerhard Simon, Legitimation durch Wahlen. Der Umbruch in der Ukraine, in: Osteuropa 2014/9–10, S. 155–168.

133 Susan Stewart, Neuer Wein in alten Schläuchen. Die politische Elite der Ukraine, in: Osteuropa 2014/9–10, S. 169–178. Natalia Shapovalova, Mühen der Ebene. Dezentralisierung in der Ukraine, in: Osteuropa 2015/4, S. 143–152. Zur Bilanz nach zwei Jahren der Präsidentschaft von Poroschenko: Ukraine-Analysen Nr. 169 (25.5.2016).

134 Sergej Medvedev, Park krymskogo perioda. Chroniki tret'ego sroka, Moskau 2018, S. 47.

135 Schmid, Technologien der Seele, S. 139f.

136 Darüber hat Prilepin am 11.7.2017 in einem Interview mit dem Fernsehsender Doschd berichtet: https://tvrain.ru/teleshow/interview/zahar_prilepin_v_donetske_i_krymu_proizoshla_antiburzhuaznaja_revoljutsija_i_eto_spaslo_rossiju-439279/, zuletzt besucht am 4.11.2018.

137 Der Guardian berichtete am 5.6.2016 auf der Grundlage eines Interviews mit Girkin: https://www.theguardian.com/world/2016/jun/05/russias-valiant-hero-in-ukraine-turns-his-fire-on-vladimir-putin, zuletzt besucht am 4.11.2017. Siehe auch: Toal, Near Abroad, Kapitel 7 The Novorossiya Project.

138 Kritische Einschätzung der jüngsten russischen Erklärungen zum Abschuss von MH 17: https://tvrain.ru/articles/arhitektory_i_hudozhniki_mh17-471919/, zuletzt besucht am 4.11.2018.

139 Ilya Yashin, Olga Shorina (Hg.), Putin. War. Based on Materials from Boris Nemtsov, Moskau 2015.

VI. Russlands Zukunft

1 https://www.raamoprusland.nl/dossiers/kremlin/1104-kremlin-calculus-driven-by-dreams-of-war, zuletzt besucht am 14.10. 2018.

2 Die Welt im Jahr 2035 gesehen von der CIA und dem National Intelligence Council. Das Paradox des Fortschritts, dt. München 2018, S. 180–185.

3 Kunze, Vogel, Das Ende des Imperiums, S. 304–306.

4 Boris Reitschuster, Putins verdeckter Krieg. Wie Russland den Westen destabilisiert, Berlin 2016. Wehner, Putins Kalter Krieg. Quiring, Putins russische Welt.

5 Trenin, Should We Fear Russia?, S. 116–121.

6 Diese bespricht Mark Whitehouse in einem Interview mit der russischen Soziologin Olga Kryshtanovskaya: https://www.bloomberg.com/opinion/articles/2018-08-25/putin-s-succession-plan-could-be-trouble-for-russia, zuletzt besucht am 5.11.2018.

7 Aust, Die Russische Revolution, S. 97–113.

8 Yurchak, Everything Was Forever. Plokhy, The Last Empire.

9 Aust, Polen und Russland im Streit um die Ukraine, Kapitel II.1 Smuta: Die Zeit der Wirren im Moskauer Russland 1598–1613, S. 34–43.

10 Hans-Joachim Torke (Hg.), Die russischen Zaren 1547–1917, München 1995, S. 179–273.

11 Manfred Hildermeier, Geschichte der Sowjetunion 1917–1991. Entstehung und Niedergang des ersten sozialistischen Staates, München 1998, S. 757–825.

Literaturverzeichnis

Allison, Roy, Russia, the West, and Military Intervention, Oxford 2013.

Anderson, Benedict, Imagined Communities. Reflections on the Origin and Spread of Nationalism, London 1983.

Angermann, Norbert, Brüggemann, Karsten, Geschichte der baltischen Länder, Ditzingen 2018.

Applebaum, Anne, Red Famine. Stalin's War on Ukraine, New York 2017.

Aust, Helmut Philipp, Das Recht der globalen Stadt, Tübingen 2017.

Aust, Martin, Polen und Russland im Streit um die Ukraine. Konkurrierende Erinnerungen an die Kriege des 17. Jahrhunderts in den Jahren 1934 bis 2006, Wiesbaden 2009.

Ders., À la Recherche d'Histoire Imperiale, Histories of Russia from the 19th to the Early 21st Century, in: Middell, Matthias, Roura y Aulinas, Lluis, Hg., Transnational Challenges to National History Writing, Houndmills, Basingstoke 2013, S. 229–256.

Ders., Schenk, Frithjof Benjamin, Hg., Imperial Subjects. Autobiographische Praxis in den Vielvölkerreichen der Habsburger, Romanovs und Osmanen im 19. und frühen 20. Jahrhundert, Köln 2015.

Ders., Die Russische Revolution. Vom Zarenreich zum Sowjetimperium, München 2017.

Baberowski, Jörg, Der rote Terror. Die Geschichte des Stalinismus, München 2003.

Ders., Verbrannte Erde. Stalins Herrschaft der Gewalt, 3. Aufl., München 2012.

Bahr, Adelheid, Hg., Warum wir Frieden und Freundschaft mit Russland brauchen, Frankfurt am Main 2018.

Barth, Boris, Osterhammel, Jürgen, Hg., Zivilisierungsmissionen. Imperiale Weltverbesserung seit dem 18. Jahrhundert, Konstanz 2005.

Beck, Ulrich, Grande, Edgar, Das kosmopolitische Europa. Gesellschaft und Politik in der zweiten Moderne, Frankfurt am Main 2004.

Berger, Stefan, Miller, Aleksej I., Hg., Nationalizing Empires, Budapest 2015.

Bolt, Paul J., Cross, Sharyl, China, Russia, and Twenty-First Century Global Geopolitics, Oxford 2018.

Bota, Alice, Wir doch nicht! Der Giftanschlag in London, der Abschuss der malaysischen Passagiermaschine, die Trollfabriken, die Hackerangriffe – alles Lachnummern. Hat nichts mit Putin zu tun. Russland leugnet systematisch jede Verantwortlichkeit, in: Die Zeit Nr. 43 (18.10.2018).

Brandenberger, David, National Bolshevism. Stalinist Mass Culture and the Formation of Modern Russian National Identity 1931–1956, Cambridge/MA 2002.

Burbank, Jane (u. a.), Hg., Russian Empire. Space, Power, People 1700–1930, Bloomington/ID 2007.

Dies., Cooper, Frederick, Empires in World History. Power and the Politics of Difference, Princeton/NJ 2010.

Bürger, Philipp, Geschichte im Dienst für das Vaterland. Traditionen und Ziele der russländischen Geschichtspolitik seit 2000, Göttingen 2018.

Central Intelligence Agency, National Intelligence Council, Hg., Die Welt im Jahr 2035 gesehen von der CIA und dem National Intelligence Council. Das Paradox des Fortschritts, dt. München 2018.

Chepikova, Ksenia, Leisse, Olaf, Russlands simulierter Föderalismus. Regionalpolitik unter Putin und Medvedev, in: Osteuropa 60/1 (2010), S. 15–26.

Conrad, Sebastian, Osterhammel, Jürgen, Hg., Das Kaiserreich transnational. Deutschland in der Welt 1871–1914, 3. Aufl., Göttingen 2013.

Cooper, Frederick, Citizenship between Empire and Nation. Remaking France and French Africa 1945–1960, Princeton/NJ 2014.

Cornelißen, Christoph, Hg., Geschichtswissenschaften. Eine Einführung, Frankfurt am Main 2000.

Darwin, John, After Tamerlane. The Global History of Empire since 1405, London 2007.

Dawisha, Karen, Putin's Kleptocracy. Who Owns Russia?, New York 2014.

Diner, Dan, Das Jahrhundert verstehen. Eine universalhistorische Deutung, München 1999.

Doyle, Michael W., Empires, Ithaca/NY 1986.

Engelfried, Alexandra, Zar und Star. Vladimir Putins Medienimage, in: Osteuropa 62/5 (2012), S. 47–67.

Fatland, Erika, Sowjetistan. Eine Reise durch Turkmenistan, Kasachstan, Tadschikistan, Kirgisistan und Usbekistan, dt. Berlin 2017.

Fedorin, Volodymyr. Gudbaj, Imperije. Rozmovy z Kachoju Bendykidze, L'viv 2015.

Fischer, Joschka, Europa bleibe hart! Wer jetzt Wladimir Putin nachgibt, dient nicht dem Frieden. Er ermutigt Russlands Präsident, den nächsten Schritt zu tun, in: SZ, 29./30.3.2014.

Furman, Dmitrij, Russland am Scheideweg. Logik und Ende der «imitierten Demokratie», in: Osteuropa 58/2 (2008), S. 2–16.

Gabowitsch, Mischa, Putin kaputt!? Russlands neue Protestkultur, Berlin 2013.

Gajdar, Egor, Gibel' Imperii. Uroki dlja sovremennoj Rossii, Moskau 2006.

Ders., Der Untergang eines Imperiums, dt. Wiesbaden 2016.

Gasimov, Zaur, Idee und Institution. *Russkij mir* zwischen kultureller Mission und Geopolitk, in: Osteuropa 62/5 (2012), S. 69–80.

Gellner, Ernest, Nations and Nationalism, Ithaca/NY 1983.

Gerasimov, Ilya, Glebov, Sergei, Kaplunovskij, Alexander (u. a.), Hg., Novaja Imperskaja Istorija Post-Sovetskogo Prostranstva, Kazan' 2004.

Ders. (u. a.), Hg., Empire Speaks Out. Languages of Rationalization and Self-Description in the Russian Empire, Leiden 2009.

Gerster, Livia, Am äußersten Rand der europäischen Union. Viele Esten schauen argwöhnisch auf die russische Minderheit in der Grenzstadt Narwa. Doch eine Gruppe junger Leute will dort eine Brücke nach Russland bauen, in: FAZ, 19.8.2017.

Golczewski, Frank, Hg., Geschichte der Ukraine, Göttingen 1993.

Götz, Roland, Halbach, Uwe, Politisches Lexikon GUS, München 1992.

Dies., Politisches Lexikon GUS, 2. Aufl., München 1993.

Dies., Politisches Lexikon Rußland. Die nationalen Republiken und Gebietseinheiten der Russländischen Föderation, München 1994.

Grelka, Frank, Die ukrainische Nationalbewegung unter deutscher Besatzungsherrschaft 1918 und 1941/42, Wiesbaden 2005.

Heinemann-Grüder, Andreas, Kontrollregime. Russland unter Putin & Medvedev, in: Osteuropa 59/9 (2009), S. 27–48.

Hildebrand, Klaus, Das vergangene Reich. Deutsche Außenpolitik von Bismarck bis Hitler 1871–1945, Stuttgart 1995.

Hildermeier, Manfred, Geschichte der Sowjetunion 1917–1991. Entstehung und Niedergang des ersten sozialistischen Staates, München 1998.

Hobsbawm, Eric, Ranger, Terence, Hg., The Invention of Tradition, Cambridge 1983.

Hofmann, Philipp, Empire Europe? Die EU im Licht neuer Imperiumstheorien, Marburg 2010.

Huntington, Samuel, The Clash of Civilizations and the Remaking of World Order, New York 1996.

Judt, Tony, Geschichte Europas. Von 1945 bis zur Gegenwart, dt. München 2006.

Kämpfer, Frank, Das russische Herrscherbild. Von den Anfängen bis zu Peter dem Großen. Studien zur Entwicklung politischer Ikonographie im byzantinischen Kulturkreis, Heidelberg 1978.

Kappeler, Andreas, Russland als Vielvölkerreich. Entstehung, Geschichte, Zerfall 1552–1917, München 1992.

Ders., Kleine Geschichte der Ukraine, München 1994.

Ders., Ungleiche Brüder. Russen und Ukrainer vom Mittelalter bis zur Gegenwart, München 2017.

Kaspe, Sviatoslav, Imperial Political Culture and Modernization in the Second Half of the Nineteenth Century, in: Burbank, Jane (u.a.), Hg., Russian Empire. Space, Power, People 1700–1930, Bloomington/ID 2007, S. 455–493.

Keller, Mechthild, Hg., Russen und Rußland aus deutscher Sicht. 18. Jahrhundert: Aufklärung, München 1987.

Dies., Hg., Russen und Rußland aus deutscher Sicht. 19. Jahrhundert: Von der Jahrhundertwende bis zur Reichsgründung (1800–1871), München 1992.

Dies., Hg., Russen und Rußland aus deutscher Sicht. 9.–17. Jahrhundert, München 1995.

Dies., Hg., Russen und Rußland aus deutscher Sicht. 19./20. Jahrhundert: Von der Bismarckzeit bis zum Ersten Weltkrieg, München 2000.

Kermani, Navid, Entlang den Gräben. Eine Reise durch das östliche Europa bis nach Isfahan, 2. Aufl., München 2018.

Khanna, Parag, The Second World. Empires and Influence in the New Global Order, New York 2008.

Ders., Connectography. Mapping the Future of Global Civilization, New York 2012.

Kivelson, Valerie, Suny, Ronald, Russia's Empires, New York 2017.

Klose, Fabian, Menschenrechte im Schatten kolonialer Gewalt. Die Dekolonisierungskriege in Kenia und Algerien 1945–1962, München 2009.

Koenen, Gerd, Kopelew, Lew, Hg., Deutschland und die Russische Revolution 1917–1924, München 1998.

Ders., Der Russland-Komplex. Die Deutschen und der Osten 1900–1945, München 2005.

Koenker, Diane, Club Red. Vacation Travel and the Soviet Dream, Ithaca/NY 2013.

Kotkin, Stephen, Armageddon Averted. The Soviet Collapse 1970–2000, Oxford 2001.

Krone-Schmalz, Gabriele, In Wahrheit sind wir stärker. Frauenalltag in der Sowjetunion, 2. Aufl., Düsseldorf 1990.

Dies., Russland verstehen. Der Kampf um die Ukraine und die Arroganz des Westens, 4. Aufl., München 2015.

Dies., Eiszeit. Wie Russland dämonisiert wird und warum das so gefährlich ist, München 2017.

Kumar, Krishan, Visions of Empire. How Five Imperial Regimes Shaped the World, Princeton/NJ 2017.

Kunze, Thomas, Vogel, Thomas, Das Ende des Imperiums. Was aus den Staaten der Sowjetunion wurde, Bonn 2016.

Kuzio, Taras, Ukraine's ‹Pereiaslav complex› and relations with Russia, in: Ukrainian Weekly, May 26, 70/21 (2002), S. 2, 18.

Ders., Ukraine between a Constrained EU and Assertive Russia. Europe's Hybrid Foreign Policy, in: Journal of Common Market Studies 55/1 (2017), S. 103–120.

Laak, Dirk van, Über alles in der Welt. Deutscher Imperialismus im 19. und 20. Jahrhundert, München 2005.

Laruelle, Marlene, Radvanyi, Jean, Understanding Russia. The Challenges of Transformation, Lanham/ML 2018.

Liulevicius, Vejas Gabriel, Kriegsland im Osten. Eroberung, Kolonisierung und Militärherrschaft im Ersten Weltkrieg, dt. Hamburg 2002.

Lozo, Ignaz, Der Putsch gegen Gorbatschow und das Ende der Sowjetunion, Köln 2014.

Maier, Charles S., Among Empires. American Ascendancy and its Predecessors, Cambridge/MA 2006.

Mälksoo, Lauri, Russian Approaches to International Law, Oxford 2015.

Manela, Erez, The Wilsonian Moment. Self-Determination and the International Origins of Anti-Colonial Nationalism, Oxford 2007.

Martin, Terry, The Affirmative Action Empire. Nations and Nationalism in the Soviet Union 1923–1939, Ithaca/NY 2001.

Mazower, Mark, Hitlers Imperium. Europa unter der Herrschaft des Nationalsozialismus, dt. München 2009.

Ders., No Enchanted Palace. The End of Empire and the Ideological Origins of the United Nations, Princeton/NJ 2009.

McHugo, John, Syria. A Recent History, London 2014.

Medvedev, Sergej, Park krymskogo perioda. Chroniki tret'ego sroka, Moskau 2018.

Middell, Matthias, Roura y Aulinas, Lluis, Hg., Transnational Challenges to National History Writing, Houndmills, Basingstoke 2013.

Miller, Aleksej I., «Ukrainskij Vopros» v politike vlastej i russkom obščestvennom mnenii (vtoraja polovina XIX veka), St. Petersburg 2000.

Ders., Hg., Nasledie imperij i buduščee Rossii, Moskau 2008.

Ders., Nacija kak ramka političekoj žizni, in: ders., Hg., Nasledie imperii i buduščee Rossii, Moskau 2008, S. 492–525.

Mishra, Pankaj, From the Ruins of Empire. The Revolt Against the West and the Remaking of Asia, London 2013.

Mogilner, Marina, Russian Physical Anthropology of the Nineteenth–Early Twentieth Centuries. Imperial Race, Colonial Other, Degenerate Types, and the Russian Racial Body, in: Gerasimov, Ilya, (u.a.), Hg., Empire Speaks Out. Languages of Rationalization and Self-Description in the Russian Empire, Leiden 2009, S. 155–189.

Mommsen, Margareta, Wohin treibt Russland? Eine Großmacht zwischen Anarchie und Demokratie, München 1996.

Dies., Autoritarismus oder Demokratie? Putins Rußland am Scheideweg, in: Osteuropa 54/3 (2004), S. 49–53.

Morgenrath, Birgit, «Unsere Opfer zählen nicht». Die Dritte Welt im Zweiten Weltkrieg, Berlin 2005.

Morrison, Alexander, Russian Rule in Samarkand 1868–1910. A Comparison with British India, Oxford 2008.

Motyl, Alexander, Imperial Ends. The Decay, Collapse, and Revival of Empires, New York 2001.

Münkler, Herfried, Imperien. Die Logik der Weltherrschaft vom alten Rom bis zu den Vereinigten Staaten, Berlin 2005.

Ders., Das Chamäleon. Krieg und der Kampf um eine neue Weltordnung, in: Raabe, Katharina, Sapper, Manfred, Hg., Testfall Ukraine. Europa und seine Werte, Berlin 2015, S. 177–190.

Ders., Macht in der Mitte. Die neuen Aufgaben Deutschlands in Europa, Hamburg 2015.

Ders., Straßenberger, Grit, Politische Theorie und Ideengeschichte. Eine Einführung, München 2016.

Neumann, Iver B., Rossijskoe stremlenie k velikoderžaviju: kak Rossija dobivalas' priznanija Evropy, in: Miller, Aleksej I., Hg., Nasledie imperii i buduščee Rossii, Moskau 2008, S. 139–185.

Oberländer, Erwin, Sowjetpatriotismus und Geschichte. Dokumentation, Köln 1967.

Osterhammel, Jürgen, Kolonialismus. Geschichte, Formen, Folgen, 2. Aufl., München 1997.

Ders., Imperialgeschichte, in: Cornelißen, Christoph, Hg., Geschichtswissenschaften. Eine Einführung, Frankfurt am Main 2000, S. 221–232.

Ders., Die Verwandlung der Welt. Eine Geschichte des 19. Jahrhunderts, 2. Aufl., München 2009.

Parts, Lyudmila, In Search of the True Russia. The Provinces in Contemporary Nationalist Discourse, Madison/WI 2018.

Pedersen, Susan, The Guardians. The League of Nations and the Crisis of Empire, Oxford 2015.

Phillipps, Christopher, The Battle for Syria. International Rivalry in the New Middle East, New Haven/CT 2016.

Plaggenborg, Stefan, Experiment Moderne. Der sowjetische Weg, Frankfurt am Main 2006.

Plamper, Jan, The Stalin Cult. A Study in the Alchemy of Power, New Haven/CT 2012.

Plokhy, Serhii, The Last Empire. The Final Days of the Soviet Union, New York 2014.

Ders., The Gates of Europe. A History of Ukraine, London 2015.

Poncer, Alexander, Ethnopolitische Szenarien in den Nachfolgestaaten des britischen Weltreiches und der Sowjetunion als Folge imperialer Grenzziehung und Migration, unveröffentlichtes Manuskript, Magisterarbeit an der LMU München 2013.

Prodi, Romano, How Ukraine can be saved, in: International New York Times, 21.2.2014.

Quiring, Manfred, Putins russische Welt. Wie der Kreml Europa spaltet, 2. Aufl., Berlin 2017.

Raabe, Katharina, Sapper, Manfred, Hg., Testfall Ukraine. Europa und seine Werte, Berlin 2015.

Raspad SSSR. Dokumenty i fakty (1986–1992 gg.). Bd. 1: Normativnye akty, oficial'nye soobščenija, Moskau 2009.

Reitschuster, Boris, Putins verdeckter Krieg. Wie Russland den Westen destabilisiert, Berlin 2016.

Roberts, Anthea, Is International Law International?, Oxford 2017.

Rotfeld, Adam D., Torkunow, Anatoli W., Hg., Białe plamy, czarne plamy. Sprawy trudne w relacjach polsko-rosyjskich (1918–2008), Warschau 2010.

Sakwa, Richard, Russia Against the Rest. The Post-Cold War Crisis of World Order, Cambridge 2017.

Sbornik Russkogo Istoričeskogo Obščestva, Bd. 7, St. Petersburg 1871, Neuauflage, Nendeln 1971.

Scheidegger, Gabriele, Perverses Abendland – barbarisches Russland. Begegnungen des 16. und 17. Jahrhunderts im Schatten kultureller Missverständnisse, Zürich 1993.

Scherbakowa, Irina, Schlögel, Karl, Der Russland-Reflex. Einsichten in eine Beziehungskrise, Hamburg 2015.

Schimmelpenninck van der Oye, David, Toward the Rising Sun. Russian Ideologies of Empire and the Path to War with Japan, DeKalb/ IL 2001.

Ders., Russian Orientalism. Asia in the Russian Mind from Peter the Great to the Emigration, New Haven/CT 2010.

Schlögel, Karl, Das sowjetische Jahrhundert. Archäologie einer untergegangenen Welt, München 2017.

Schmid, Ulrich, Technologien der Seele. Vom Verfertigen der Wahrheit in der russischen Gegenwartskultur, Berlin 2015.

Schmitt, Carl, Völkerrechtliche Großraumtheorie mit Interventionsverbot für raumfremde Mächte, Text der 4. Auflage von 1941, abgedruckt in: Ders., Staat, Großraum, Nomos. Arbeiten aus den Jahren 1916–1969, hg. von Maschke, Günter, Berlin 1995, S. 269–321.

Ders., Land und Meer. Eine weltgeschichtliche Betrachtung, Leipzig 1942.

Ders., Staat, Großraum, Nomos. Arbeiten aus den Jahren 1916–1969, hg. von Maschke, Günter, Berlin 1995.

Shapovalova, Natalia, Mühen der Ebene. Dezentralisierung in der Ukraine, in: Osteuropa 65/4 (2015), S. 143–152.

Shore, Marci, The Ukrainian Night. An Intimate History of Revolution, New Haven/CT 2017.

Simon, Gerhard, Legitimation durch Wahlen. Der Umbruch in der Ukraine, in: Osteuropa 64/9–10 (2014), S. 155–168.

«Skrupellos und kühn». Norbert Röttgen über das Machtspiel des russischen Präsidenten Putin auf der Krim, die mangelnde Entschlossenheit und Einigkeit des Westens und die drohende Isolation Russlands, in: Die Zeit, 6.3.2014.

Snyder, Timothy, Integration and Disintegration. Europe, Ukraine, and the World, in: Slavic Review 74/4 (2015), S. 695–707.

Ders., Der Weg in die Unfreiheit. Russland, Europa, Amerika, dt. München 2018.

Snyder, Timothy, Integration and Disintegration: Europe, Ukraine, and the World, in: Slavic Review Volume 74 Number 4 (Winter 2015).

Solschenizyn, Alexander, Russlands Weg aus der Krise. Ein Manifest, 2. Aufl., dt. München 1991.

Ders., Die russische Frage am Ende des 20. Jahrhunderts, dt. München 1994.

Stewart, Susan, Neuer Wein in alten Schläuchen. Die politische Elite der Ukraine, in: Osteuropa 64/9–10 (2014), S. 169–178.

Stoler, Ann Laura, Considerations on Imperial Comparisons, in: Gerasimov, Ilya (u. a.), Hg., Empire speaks out. Languages of Rationalization and Self-Description in the Russian Empire, Leiden 2009, S. 33–57.

Sunderland, Willard, The Baron's Cloak. A History of the Russian Empire in War and Revolution, Ithaca/NY 2014.

Sygar, Michail, Endspiel. Die Metamorphosen des Wladimir Putin, dt. Köln 2015.

The Incorporation of Crimea by the Russian Federation in Light of International Law, Themenheft der Zeitschrift für ausländisches öffentliches Recht und Völkerrecht 75/1 (2015).

Timoschenko, Julia, Die russische Herausforderung, in: Die Zeit, 23.11.2006, Nr. 48.

Tiškov, Valerij. A., Čto est' Rossija i rossijskij narod, in: Miller, Aleksej I., Hg., Nasledie imperii i buduščee Rossii, Moskau 2008, S. 455–491.

Toal, Gerard, Near Abroad. Putin, the West, and the Contest over Ukraine and the Caucasus, Oxford 2017.

Tolz, Vera, Russia. Inventing the Nation, London 2001.

Torke, Hans-Joachim, Hg., Die russischen Zaren 1547–1917, München 1995.

Trenin, Dmitri, Post-Imperium. A Eurasian Story, Washington/DC 2011.

Ders., Should we fear Russia?, Cambridge 2016.

Ders., What is Russia up to in the Middle East?, Cambridge 2017.

Umland, Andreas, How Can the West Promote an East-Central European Security Alignment?, in: New Eastern Europe 74/1 (2018), S. 76–84.

Van Herpen, Marcel H., Putin's Wars. The Rise of Russia's New Imperialisms, Lanham/MD 2014.

Van Herpen, Marcel H., Putin's Wars. The Rise of Russia's New Imperialisms, Lanham/MD 2014.

Veser, Reinhard, Im ewigen Abwehrkampf. Putins Welt: Ein gutmütiges Russland und viele böse Nachbarn, in: FAZ, 20.3.2014.

Vinkovetsky, Ilya, Russian America. An Overseas Colony of a Continental Empire 1804–1867, Oxford 2011.

Vinokurov, Evgenij, Unter Partnern. Ein nüchterner Blick auf die Eurasische Wirtschaftsunion, in: Osteuropa 66/5 (2016), S. 129–140.

Weber, Friedrich Christian, Das veränderte Russland, Frankfurt 1721.

Wehner, Markus, Putins Kalter Krieg. Wie Russland den Westen vor sich hertreibt, München 2016.

Wendland, Anna Veronika, Die ukrainischen Länder von 1945 bis 1993, in: Golczewski, Frank, Hg., Geschichte der Ukraine, Göttingen 1993, S. 269–311.

Wolff, Larry, Inventing Eastern Europe. The Map of Civilization on the Mind of the Enlightenment, Stanford/CA 1994.

Wortman, Richard, Scenarios of Power. Myth and Ceremony in Russian Monarchy, Volume 1: From Peter the Great to the Death of Nicolas I, Princeton/NJ 1995.

Ders., Scenarios of Power. Myth and Ceremony in Russian Monarchy, Volume 2: From Alexander II. to the Abdication of Nicolas II, Princeton/NJ 2000.

Ders., Simvoly imperii: egzotičeskie narody v ceremonii koronacii rossijskich imperatoriv, in: Gerasimov, Ilya, Glebov, Sergei, Kaplunovskij, Alexander (u. a.), Hg., Novaja Imperskaja Istorija Post-Sovetskogo Prostranstva, Kazan' 2004, S. 409–426.

Yashin, Ilya, Shorina, Olga, Hg., Putin. War. Based on Materials from Boris Nemtsov, Moskau 2015.

Yekelchyk, Serhii, Stalin's Empire of Memory. Russian-Ukrainian Relations in the Soviet Historical Imagination, Toronto 2004.

Yurchak, Alexei, Everything Was Forever, Until It Was No More. The Last Soviet Generation, Princeton/NJ 2005.

Zerrissen. Russland, Ukraine, Donbass, Themenheft der Zeitschrift Osteuropa 65/1–2 (2015).

Internetressourcen

Ab Imperio, https://abimperio.net/.

Aleksej Miller: Rossija ne byla, ne javljaetsja i nikogda ne budet nacional'nym gosudarstvom, https://republic.ru/posts/88426.

Al-Serori, Leila, Le Pen und die Russischen Millionen, https://www.sueddeutsche.de/politik/russland-und-der-front-national-analyse-le-pens-draht-nach-moskau-1.3387671.

Armed conflicts, https://www.echr.coe.int/Documents/FS_Armed_conflicts_ENG.pdf.

Bildstrecke: Rechtspopulistische Proteste in Deutschland, http://www.bpb.de/politik/extremismus/rechtspopulismus/242097/bildstrecke-rechtspopulistische-proteste-in-deutschland.

Böge, Frederike, Schmidt, Friedrich, Welter, Patrick, Washington im Blick, http://www.faz.net/aktuell/politik/ausland/russland-und-china-kooperieren-bei-manoever-wostok-2018-15790980.html.

Brade, Isolde, Kolter, Christian; Lentz, Sebastien; Die räumliche Perspektive, in: Russland-Analysen Nr. 241 (29.6.2012), S. 9–13, http://www.laender-analysen.de/russland/pdf/Russlandanalysen241.pdf.

Charte von Paris für ein neues Europa, https://www.bundestag.de/blob/189558/21543d1184c1f6274412a3426e86a97cd/charta-data.pdf.

China land grab on Lake Baikal raises Russian ire, https://www.ft.com/content/3106345c-f05e-11e7-b220-857e26d1aca4.

Das Russlandbild in den deutschen Medien, http://www.bpb.de/internationales/europa/russland/47998/russlandbild-deutscher-medien.

Dobbert, Steffen, SPD-Mitglieder gründen Arbeitskreis gegen Gabriels Ostpolitik, Zeit online (27.5.2016), https://www.zeit.de/politik/2016-05/russland-sanktionen-spd-gabriel-ostpolitik-arbeitskreis.

Dogadina, Jelena, Die wahre Geschichte einer Geisterstadt, https://www.dekoder.org/de/article/monostadt-tatarstan-atomkraftwerk-casinos.

Evrazijskij ekonomičeskij sojuz (EAES), http://www.eaeunion.org/.

Fišman, Michail, Sistema ne gotova lomat čerez koleno. Proval v regi-onach zastavljaet Kreml' perepridumyvat' vybory, in: I tak dalee, 21.09.2018, https://tvrain.ru/teleshow/fishman_vechernee_shou/kreml_spasaetsja_ot_bunta-471964/.

Fond russkij mir, https://www.russkiymir.ru/.

Galeotti, Mark, Kremlin calculus seems driven by dreams of war, https://www.raamoprusland.nl/dossiers/kremlin/1104-kremlin-cal-culus-driven-by-dreams-of-war.

Halling, Steffen, Krim-Annexion, https://www.dekoder.org/de/gnose/krim-annexion.

Independent International Fact-Finding Mission on the Conflict in Georgia, Report, Volume I–III, 2009, http://www.mpil.de/en/pub/publications/archive/independent_international_fact.cfm.

Internet-portal SNG (Gus), http://www.e-cis.info/.

Kashin, Oleg, Dogovor Moskvy i Kazani istek. Čem opasen otkaz ot ego prodlenija?, in: Republic.ru, 26.7.2017, https://republic.ru/posts/85291.

Katchanovski, Ivan, The «Snipers' Massacre» on the Maidan in Ukraine, online: https://papers.ssrn.com/sol3/papers.cfm?abstract_id=2658245.

Klose, Fabian, Dekolonisation und Revolution, in: Europäische Ge-schichte Online (EGO), hg. vom Leibniz-Institut für Europäische Geschichte (IEG), 9.5.2014, http://ieg-ego.eu/de/threads/europa-und-die-welt/herrschaft/fabian-klose-dekolonisation-und-revolu-tion.

«Kraevedenie», https://ru.wikipedia.org/wiki/Краеведение.

Krieger, Heike, Nolte, Georg, The International Rule of Law – Rise or Decline? Points of Departure, KFG Working Paper Nr. 1 (2016), http://kfg-intlaw.de/PDF-ftp-Ordner/KFG%20Working%20Paper%20No.%201.pdf.

Krym. Put' na Rodinu. Dokumental'nyj Fil'm Andreja Kondrašova, Youtube 15.03.2015, https://www.youtube.com/watch?v=t42-71RpRgI.

Made in Kreml-Beslan Putin Speech, Youtube 01.07.2007, https://www.youtube.com/watch?v=NPcp5qtlczg.

Mannteufel, Ingo, Kommentar: Der Beweis im Fall Skripal, https://www.dw.com/de/kommentar-der-beweis-im-fall-skripal/a-45658122.

Moskva Kreml' ot 21.10.2018, Videoface 21.10.2018, http://videoface. ru/video/polit/moskva-kreml-putin-s-vladimirom-so-lovevym-21-10-2018.html.

Nolte, Georg, Kosovo und Konstitutionalisierung: Zur humanitären Intervention der NATO-Staaten, http://www.zaoerv.de/59_1999/ 59_1999_4_a_941_960.pdf.

North Atlantic Treaty Organization, NATO-Russia Council, https:// www.nato.int/cps/ic/natohq/topics_50091.htm.

Oxford Public International Law, Debate Map, Disputes in the South and East China Seas, 23.3.2017, http://opil.ouplaw.com/page/222/ debate-map-disputes-in-the-south-and-east-china-seas.

Paškov, Pavel, Kak uničtožajut lesa rossii, https://pavel-pashkov. ru/2018/06/19/kak-unichtozhayut-lesa-rossii/.

Paulus, Andreas, *The War Against Iraq and the Future of International Law: Hegemony or Pluralism?, in: Michigan Journal of International Law 25 (2004) 3*, https://repository.law.umich.edu/mjil/vol25/ iss3/4/.

Permanent Mission of the Russian Federation to the European Union, Brief overview of relations, https://russiaeu.ru/en/brief-overview-relations.

Peters, Anne, After Trump: China and Russia move from norm-takers to shapers of the international legal order, 10.11.2016, https://www. ejiltalk.org/after-trump-china-and-russia-move-from-norm-takers-to-shapers-of-the-international-legal-order/.

Dies., The Crimean Vote of March 2014 as an Abuse of the Institution of the Territorial Referendum (9.7.2014), https://ssrn.com/abstract=2463536.

Pinkham, Sophie, Zombie History, https://www.thenation.com/ article/timothy-snyder-zombie-history.

Polonskij,Vasilij, Fišman, Michail, Kadyrov proigral. Kak spor o granice s Ingušetiej lišil glavu Čečni šansov vozglavit' Kavkaz, Telekanal Dožd' 02.11.2018. https://tvrain.ru/teleshow/fishman_vechernee_ shou/kadyrov_proigral-474447/.

Prezident Rossii, www.kremlin.ru.

Priëm po slučaju Dnja Rossii, http://kremlin.ru/events/president/ news/57732/videos.

Putin Justifies Russia's Annexation of Crimea (with English subtitles), Youtube 21.07.2014, https://www.youtube.com/watch?v=uS8hb-mocı5c.

Putin's memorable Munich Speech 2007, Youtube 19.11.2015, https//www.youtube.com/watch?v=hQ58Yv6kP44.

Putins Rede im Bundestag auf Deutsch (2001) – Alle sind schuldig, vor allem wir Politiker, Youtube 09.12.2013, https://www.youtube.com/watch?v=9jyLQmyg9hs.

Rede Ronald Reagans auf der Annual Convention der National Association of Evangelicals vom 8. März 1983, in Orlando/FL: http://www.americanrhetoric.com/speeches/ronaldreaganevilempire.htm.

Russen bezahlter Privatflugzeug für AfD-Politiker, http://www.faz.net/aktuell/politik/russen-bezahlten-privatflugzeug-fuer-afd-politiker-15600740.html.

Russia in global affairs, http://eng.globalaffairs.ru/.

Russland-Analysen, Regionale Integration in Eurasien, http://www.laender-analysen.de/russland/pdf/RusslandAnalysen353.pdf.

Ruzavin, Petr, Zachar Prilepin: «Ljudi prosto ottačivajut umenie ubivat', eto vchodit i v zadači našego batal'ona», https://tvrain.ru/teleshow/interview/zahar_prilepin_v_donetske_i_krymu_proizoshla_antiburzhuaznaja_revoljutsija_i_eto_spaslo_rossiju-439279/.

Sarotte, Mary Elise, Versprochen und gebrochen?, https://www.zeit.de/2014/41/nato-russland-usa-deutsche-wiedervereinigung.

Schattenberg, Susanne, Perestrojka und Glasnost, http://www.bpb.de/izpb/192793/perestrojka-und-glasnost.

Sojuznogo Gosudarstva Informacionno-analitičeskij portal, http://www.soyuz.by/.

Sokirianskaia, Ekaterina, Chechnya: The Inner Abroad vom 30. Juni 2015, Report Nr. 236, https://www.crisisgroup.org/europe-central-asia/caucasus/russianorth-caucasus/chechnya-inner-abroad.

Sotnikov, Daniil, «Eti postroenija malo o čem govorjat»: architektory i chudožniki kommentirujut versiju Rossii ob atake na MH17, https://tvrain.ru/articles/arhitektory_i_hudozhniki_mh17-471919/.

The military doctrine of the Russian Federation, No. Pr.-2976, 25.12.2014, http://rusemb.org.uk/press/2029.

«Transnistrien», https://de.wikipedia.org/wiki/Transnistrien.

Umstrittene Gouverneurswahl im Osten Russlands wird wiederholt, https://www.dw.com/de/umstrittene-gouverneurswahl-im-osten-russlands-wird-wiederholt/a-45575273.

Valdai Discussion Club, http://valdaiclub.com/.

Wagner, Marie Katharina, Das große Rätsel um Genschers angebliches

Versprechen, http://www.faz.net/aktuell/politik/ost-erweiterung-der-nato-was-versprach-genscher-12902411.html.

Walker, Shaun, Russia's ‹valiant hero› in Ukraine turns his fire on Vladimir Putin, https://www.theguardian.com/world/2016/jun/05/russias-valiant-hero-in-ukraine-turns-his-fire-on-vladimir-putin.

Whitehouse, Mark, What Comes After Putin Could Be Trouble, https://www.bloomberg.com/opinion/articles/2018-08-25/putin-s-succession-plan-could-be-trouble-for-russia.

World Trade Organisation, Russian Federation and the WTO, https://www.wto.org/english/thewto_e/countries_e/russia_e.htm.

Register

Karten

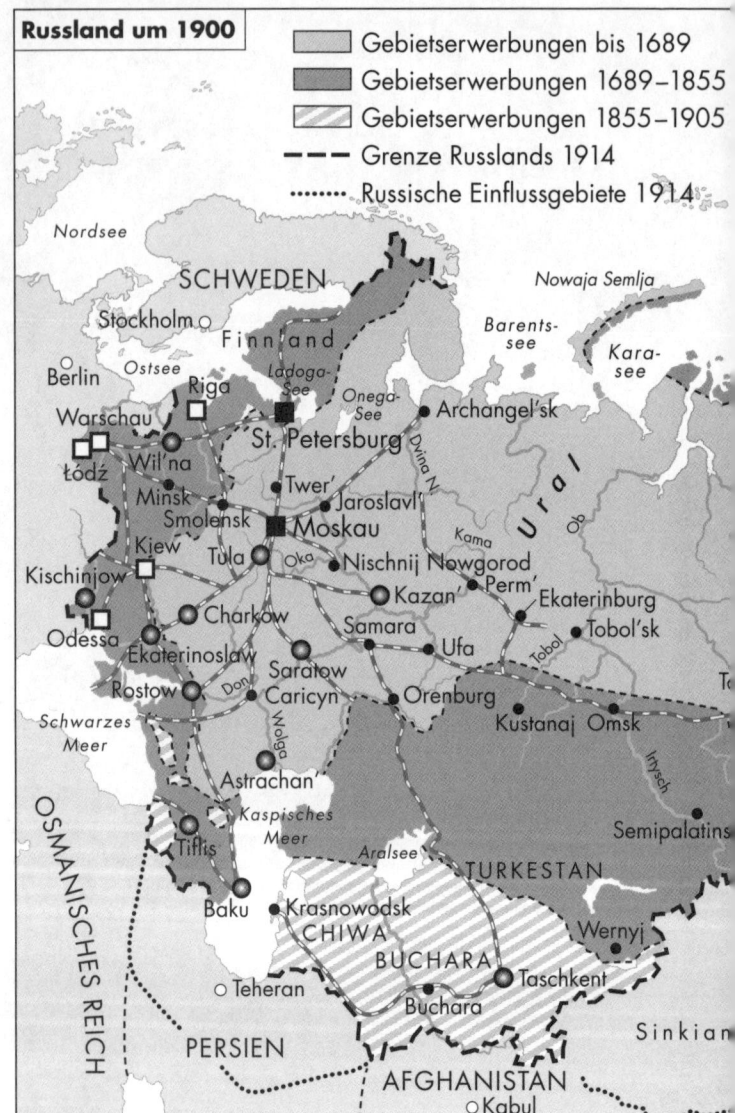

Russland um 1900

- Gebietserwerbungen bis 1689
- Gebietserwerbungen 1689–1855
- Gebietserwerbungen 1855–1905
- – – – Grenze Russlands 1914
- ·········· Russische Einflussgebiete 1914

Nordsee

SCHWEDEN

Nowaja Semlja

Stockholm

Finnland

Barents-
see

Kara-
see

Berlin

Ostsee

Riga

Ladoga-
See

Onega-
See

Archangel'sk

Warschau

St. Petersburg

Dwina N.

Ural

Łódź

Wil'na

Twer'

Minsk

Jaroslavl'

Ob

Smolensk

Moskau

Kama

Kiew

Tula

Oka

Nischnij Nowgorod

Perm'

Kischinjow

Charkow

Kazan'

Ekaterinburg

Tobol'sk

Samara

Ufa

Odessa

Ekaterinoslaw

Tobol

Rostow

Don

Saratow

Orenburg

Schwarzes
Meer

Caricyn

Kustanaj

Omsk

Irysch

Astrachan'

Wolga

Kaspisches
Meer

Aralsee

TURKESTAN

Semipalatins

Tiflis

OSMANISCHES REICH

Baku

Krasnowodsk

CHIWA

Wernyj

BUCHARA

Taschkent

Teheran

Buchara

Sinkian

PERSIEN

AFGHANISTAN

Kabul

Anjou-Inseln

Laptewsee

Beringmeer

Anadyr

Indirka

Kolyma

Kamtschatka

Westsibirisches Tiefland

● Jakutsk

Aldan

Ochotskisches Meer

Kurilen
18 Jhd. russ.
1875 jap.

1875 russ.

Sachalin

Lena

süd. Teil
1905 jap.

Amur Region

● Blagoveschtschensk

● Chabarowsk

nojarsk

Angara

Baikalsee

● Tschita

● Irkutsk

M a n d s c h u r e i
(1900–1905 besetzt)

NU-
TUWA

● Charbin

● Wladiwostok

Ulan Bator ○

Ä u ß e r e
M o n g o l e i

I n n e r e
M o n g o l e i

● Mukden

KOREA

JAPAN

Peking ○

● Port Arthur

CHINA

0 200 400 600 800 1000 km

═══ Wichtige Eisenbahnlinie

Die UdSSR mit ihren 15 Unionsrepubliken

Grönland (dän.)

ISLAND

Atlantischer Ozean

Grönlandsee

Nordsee

Spitzbergen

Franz-Jose Land

NORWEGEN

Oslo

SCHWEDEN

Barentssee

Nowaja Semlja

FINNLAND

Stockholm

Helsinki

Kola

Karasee

Ostsee

Tallinn

Weißes Meer

Kaliningrad Riga **1**

POLEN **3 2**

Vilnius

Leningrad (St. Petersburg)

Warschau

Minsk

Weiß-russische SSR

Moskau

Russische SFSR

Ob

Lwiw

Ukrainische SSR

Kiew

4 Chişinău

Charkiw

Irtysch

Odessa

Dnipropetrowsk

Schwarzes Meer

Ural

Wolga

Kasachische SSR

5 Tiflis

Kaspisches Meer

Aralsee

Syrdarja

Balchaschsee

TÜRKEI

Erevan **6**

7

Baku

Usbekische SSR

Taschkent

Frunse

Kirgisisch SSR

IRAK

Bagdad

Teheran

Turkmenische SSR

Aschchabad

Duschanbe

Tadschikische S

IRAN

AFGHANISTAN

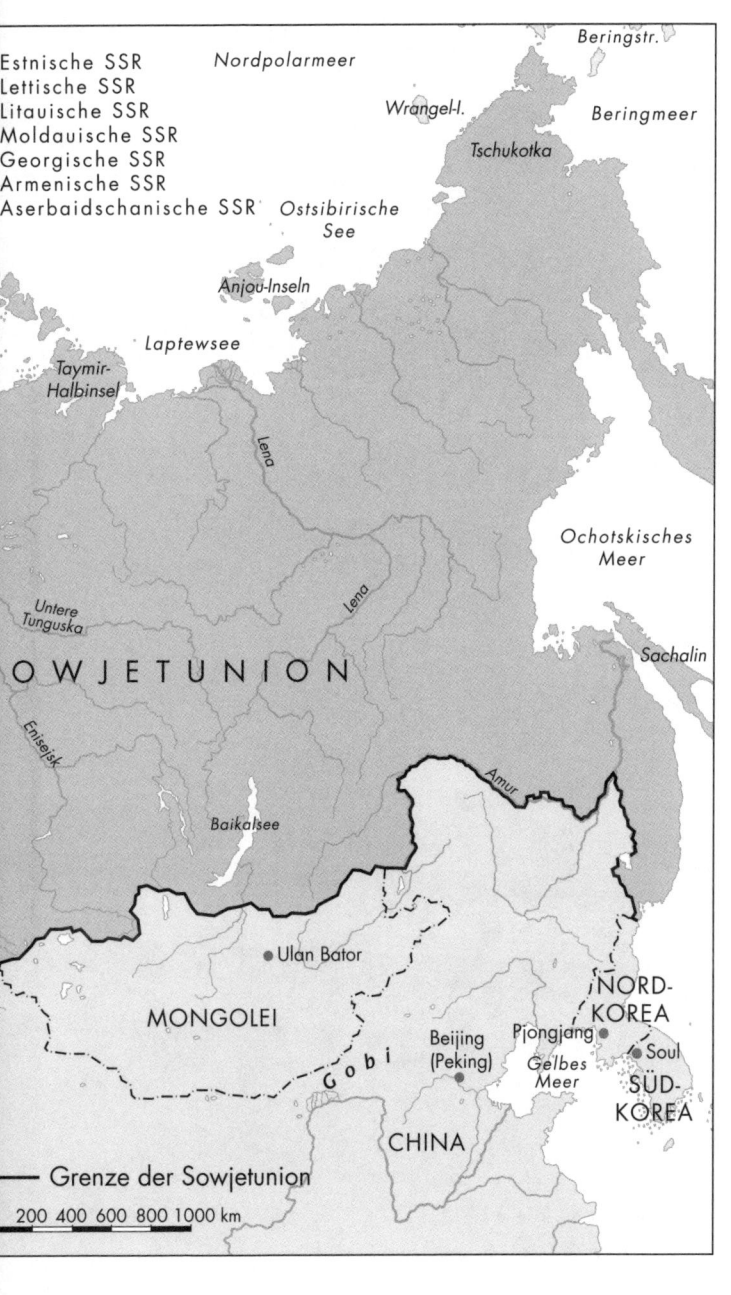

Estnische SSR
Lettische SSR
Litauische SSR
Moldauische SSR
Georgische SSR
Armenische SSR
Aserbaidschanische SSR

Nordpolarmeer

Beringstr.

Wrangel-I.

Beringmeer

Tschukotka

Ostsibirische See

Anjou-Inseln

Laptewsee

Taymir-Halbinsel

Lena

Ochotskisches Meer

Untere Tunguska

Lena

Sachalin

O W J E T U N I O N

Enisejsk

Amur

Baikalsee

● Ulan Bator

NORD-KOREA

Gobi

Beijing
(Peking) ●

Pjongjang ●

● Soul

Gelbes Meer

SÜD-KOREA

MONGOLEI

CHINA

— Grenze der Sowjetunion

200 400 600 800 1000 km

Kaukasus und Südkaukasus

Schytomir · **Kiew**

Winnytsja

Dnipro

Charkiw ·

Tscherniwtsi

UKRAINE

Belzy

Kirowohrad ·

Dnipropetrowsk

Kramatorsk

MOLDAWIEN

Bug

Horliwka ·

Luhan

Jassy

· **Chişinău**

Krywyj Rih ·

Makejev

Saporischja · Donetsk

RUMÄNIEN

Mykolajiw

· Odessa · Cherson

Maryupol ·

Ra

Taganr

Brăila

Asowsches

Meer

Krasn

· **Bukarest**

Krim

Kertsch

Krop

Donau

· Konstanza

Simferopol

Sewastopol

Noworossijsk

Krasnodar ·

Krop

Maike

Warna

Ady

Tuapse ·

BULGARIEN

Schwarzes Meer

Sotschi

Abch

· Istanbul

· Samsun

Bursa

· Eskisehir

■ Ankara

TÜRKEI

Fırat Nehri

· Konya

Euphrat

Diyar

Mittelmeer

Haleb

·

SYRIEN

Die Ukraine

- Bialystok
- Brest-Litowsk
- Gomel
- Woronesch

Bug
Pripjet
POLESIEN
Dnjepr
- Tschernihiw
- Kursk
Desna
Don

WOLHYNIEN
- Belgorod

SLOBODA-UKRAINE
- Schytomir
- Kiew (Kyïw)
- Tripol'e
- Charkiw
- Lwiw (Lemberg)
- Poltawa
Donez

GALIZIEN
- Solotonoscha
- Winnytsja
DONEZBECKEN
Dnipro
- Swenyhorodka
- Luhansk

KARPATEN-UKRAINE
- Tscherniwtsi (Czernowitz)
- Gajsin
- Jekaterinoslaw (Dnipropetrovsk)
- Pawlohrad
- Horliwka

PODOLIEN
Theiß
BUKOWINA
Dnjestr
- Chortiza
- Guljajpol'e
- Rostow

Pruth
Südl. Bug
- Aleksandrowsk (Saporischja)
- Maryupol
Don

BESSARABIEN
- Chişinău
- Cherson
- Melitopol

- Odessa (Odesa)
Asowsches Meer

Krim
- Kertsch
Kuban

- Bukarest
- Noworossijsk

Donau
- Konstanza
- Sewastopol

Schwarzes Meer

0 50 100 150 km

– – – Gegenwärtige Grenze der Ukraine

Russland und Ukraine

Horst Teltschik
Russisches Roulette
Vom Kalten Krieg zum Kalten Frieden
2019. 240 Seiten mit 13 Abbildungen. Klappenbroschur
Beck Paperback Band 6341

Gabriele Krone-Schmalz
Eiszeit
Wie Russland dämonisiert wird und warum das so gefährlich ist
5. Auflage. 2019. 304 Seiten mit 5 Karten. Klappenbroschur
Beck Paperback Band 6286

Andreas Kappeler
Kleine Geschichte der Ukraine
5., aktualisierte Auflage. 2019. 432 Seiten mit 5 Karten. Broschiert
Beck Paperback Band 1059

Andreas Kappeler
Ungleiche Brüder
Russen und Ukrainer vom Mittelalter bis zur Gegenwart
2017. 267 Seiten mit 10 Abbildungen und 4 Karten. Broschiert
Beck Paperback Band 6284

Margareta Mommsen
Das Putin-Syndikat
Russland im Griff der Geheimdienstler
2017. 251 Seiten mit 12 Abbildungen. Klappenbroschur
Beck Paperback Band 6289

Marie-Carin Gumppenberg, Udo Steinbach
Der Kaukasus
Geschichte, Kultur, Politik
Herausgegeben von Marie-Carin Gumppenberg, und Udo Steinbach
3., neubearbeitete Auflage. 2018. 301 Seiten mit 11 Karten. Broschiert
Beck Paperback Band 1791